图书在版编目 (CIP) 数据

现代俄语实用口语 / 广东外语外贸大学翻译学研究中心，雅依德俄语俱乐部编 . —北京：北京大学出版社，2019.1

ISBN 978-7-301-30087-9

Ⅰ.① 现… Ⅱ.① 广… ② 雅… Ⅲ.① 俄语 – 口语 – 自学参考资料 Ⅳ.① H359.9

中国版本图书馆 CIP 数据核字（2018）第 274481 号

书　　　名	现代俄语实用口语 XIANDAI EYU SHIYONG KOUYU
著作责任者	广东外语外贸大学翻译学研究中心 雅依德俄语俱乐部　编
责任编辑	李　哲
标准书号	ISBN 978-7-301-30087-9
出版发行	北京大学出版社
地　　　址	北京市海淀区成府路 205 号　100871
网　　　址	http://www.pup.cn　新浪微博：@ 北京大学出版社
编辑部邮箱	pupwaiwen@pup.cn
总编室邮箱	zpup@pup.cn
电　　　话	邮购部 010-62752015　发行部 010-62750672 编辑部 010-62759634
印　刷　者	北京虎彩文化传播有限公司
经　销　者	新华书店 850 毫米 ×1168 毫米　大 32 开本　5.75 印张　140 千字 2019 年 1 月第 1 版　2023 年 8 月第 2 次印刷
定　　　价	30.00 元

未经许可，不得以任何方式复制或抄袭本书之部分或全部内容。
版权所有，侵权必究
举报电话：010-62752024　电子邮箱：fd@pup.pku.edu.cn
图书如有印装质量问题，请与出版部联系，电话：010-62756370

序

中俄全面战略协作伙伴关系决定了中俄两国在诸多领域的交流越来越广泛。除了俄语专业人员外，越来越多的中国人需赴俄学习或工作。在俄语入门之后，他们离比较流畅的交流尚有距离，现实生活中应用俄语常常捉襟见肘，这就需要拿口语热身。《现代俄语实用口语》正是为此而编。本教材有四大特点：

实践，彰显了教程的性质。12个话题涵盖面广，按赴俄驻俄之实情，由先至后、由浅入深地编排。取其一课，可训练生活或工作的某一语境；取其前后几课，又构成了交际链，可以应对不同的场景。整个教程环环相扣，现学现用，活学活用，能实际操练，能开得了口、用得上手。

实用，彰显了教程的功能。该教程篇幅精，内含衣、食、住、行、学、劳、医、购等，涉及常用场景。与完整的本科俄语课程不同，本教程课时数设计不多，却涉及基本内容，全是生活型，突出实用。全书12课，每课均由对话、学单句、练习、旅俄生活（学习）小贴士四部分组成。从言语交际的构件（句）到交流（对话），从学到习，再到国情介绍（即生活小贴士），都是对口语的情景补充，给学习者一些小的提示、帮助、建议、小窍门等。

地道，彰显了教程的质量。学语言，即学思维。学俄语就是学用俄语思维，掌握纯正地道的俄语。教程地道，一是所选语言材料取自实际情境，具有真实性；二是取自权威材料，具有可靠性；三是经行家里手编审，具有保障性。其中编者有3次留俄的博士生导师刘丽芬教授，留俄7年专攻教学法的双邢媛博士，深圳"雅侬德俄语俱乐部"培训经验丰富的邓卫英、梁奇丽等老师；编审则是出色的俄罗斯外教Лульянова Марина Геннадьевна。

现代，彰显了教程的时代性。求学是年轻人的必要经历，异域求职是职场的海外拓展。来到俄罗斯，离不开现代生活，离不开现代交际平台。现代生活贯穿于本教程，各课均涉及社会生活中不断涌现的新词、新语、新表达。至于现代交际平台，教程则列出了俄罗斯人最常用的社交工具，涉及移动通讯、互联网等方面。这也是本教程与时俱进、有别于国内其他教程的新颖之处。

黄忠廉
2018年仲夏
白云山麓三语斋

前言

科技、经济迅猛发展在语言中的体现是新词新语不断涌现，日常交流中也随之产生新的词汇与新的表达。为贴合时代发展需要、帮助俄语学习者掌握精准地道的俄语，我们编写了《现代俄语实用口语》，以期帮助非母语俄语使用者自由畅快地在俄罗斯学习、工作和生活。

本书共12课，每课均由对话、学单句、练习、旅俄生活（学习）小贴士四部分组成。内容包括相识、机场、互联网社交、交通、餐厅、酒店、租房、商场购物、教育、医疗帮助等在俄学习和生活中经常遇到的各种场景。

本书具以下特点：
编排科学
12个话题按赴俄之需由浅入深、由先至后的顺序编排，从相识会话到赴俄所需的系列表达，即乘机、通讯联系、交通、饮食、住宿、购置日常生活用品、办理入学手续、生病和遇到紧急情况后的救助等。

现代俄语实用口语

涵盖面广

本书以尽量少的篇幅表达丰富而全面的内容。如"医疗救助"话题内容详尽展示了医疗救助的词汇与表达，助您畅快地与医生沟通。

特色鲜明

现代即时通讯和社交网络这一话题是本书的特色，也是本书异于国内其他教材的新颖之处。这一话题列出了俄罗斯人最常用的社交工具，展示了加好友、聊微信等方面的词汇与表达。

表达地道

学俄语就要学用俄语思维，掌握纯正的俄语表达，如"这扇门坏了"，地道的俄语表达可以很简单：Дверь плохо работает.（意即：门不好用，也就是坏了。）类似的例子也多见于本书。

本书由广东外语外贸大学博士生导师刘丽芬教授主编，刘丽芬教授从事俄语教学和研究多年，积累了丰富的教学经验；先后访学于俄罗斯普希金俄语学院、莫斯科大学和圣彼得堡大学，熟谙俄罗斯国情与文化。主要参编者双邢嫒博士，自初中开始学俄语，华中师范大学俄语系本科毕业后赴俄罗斯攻读俄语教学法硕士和博士，回国后创办了雅依德俄语俱乐部。双博士俄语语言基本功扎实，精通俄语教学法、俄罗斯国情与文化。参加编写的还有雅依德俄语俱乐部的邓卫英、梁奇丽等教师以及外教Лульянова Марина Геннадьевна。本书承蒙俄语翻译理论家、广东外语外贸大学博士生导师黄忠廉教授作序，在此谨致谢意。

希望各位专家和教材的使用者对本书提出宝贵的意见，若发现错误和纰漏之处，敬请批评指正。您的反馈意见可发送至sonia@yayid.com，在此先致感谢。

Оглавление 目录

УРОК 1　ЗНАКОМСТВО 1
第一课　相识

УРОК 2　В АЭРОПОРТУ 13
第二课　在机场

УРОК 3　СОТОВАЯ СВЯЗЬ И ИНТЕРНЕТ 23
第三课　移动通信和互联网

УРОК 4　СОВРЕМЕННЫЕ ПРОГРАММЫ ОБМЕНА СООБЩЕНИЯМИ И СОЦСЕТИ 37
第四课　现代即时通信和社交网络

УРОК 5　ТРАНСПОРТ 47
第五课　交通

УРОК 6　РЕСТОРАН 55
第六课　餐厅

УРОК 7　ОТЕЛИ, ГОСТИНИЦЫ 65
第七课　宾馆，酒店

УРОК 8　АРЕНДА КВАРТИРЫ ················· **91**
第八课　租房

УРОК 9　МАГАЗИНЫ, ПОКУПКИ ············**101**
第九课　商场，购物

УРОК 10　ОБРАЗОВАНИЕ ··················**111**
第十课　教育

УРОК 11　МЕДИЦИНСКАЯ ПОМОЩЬ ··········**131**
第十一课　医疗救助

УРОК 12　ЧРЕЗВЫЧАЙНЫЕ ПРОИСШЕСТВИЯ ···**163**
第十二课　紧急情况

УРОК 1
ЗНАКОМСТВО
第一课 相识

1. Диалоги 对话

1) — Здравствуйте, меня зовут Анна, как ваше имя?

— Добрый день, меня зовут Саша.

— Очень приятно.

— Взаимно.

— Вы из какого города?

— Я из Тулы, а вы?

— Я тоже.

— О! Мы земляки!

— Анна, вы здесь работаете или учитесь?

— Я здесь работаю инженером, а вы, Саша, чем занимаетесь?

— Я работаю в строительной компании. Вам нравится жить в Москве?

— Да. Саша, очень нравится, это красивый старинный город.

— Анна, могу я вас пригласить в театр?

— Конечно.

听录音请扫二维码

УРОК 1　ЗНАКОМСТВО

— 您好，我叫安娜，您叫什么名字？
— 您好，我叫萨沙。
— 很高兴认识您。
— 我也是。
— 您来自哪座城市？
— 我来自图拉，您呢？
— 我也是。
— 哦，我俩是老乡呢！
— 安娜，您在这里工作还是学习？
— 我在这里做工程师。萨沙，您是做什么的？
— 我在建筑公司上班。安娜，您喜欢在莫斯科生活吗？
— 喜欢，萨沙，很喜欢，这是一座美丽而古老的城市。
— 安娜，可以邀请您去看剧吗？
— 很乐意。

— Анна, это мой номер телефона, давайте созвонимся.
— Хорошо.

2) — Привет! Меня зовут Дима.
— Привет, Дима. Я — Лилия.
— Я буду учиться в этой школе.
— Ты можешь сесть за мою парту. Это место свободное.
— О, спасибо. Это очень мило с твоей стороны.
— Какой у тебя любимый предмет, Дима?
— Мой любимый предмет — русский язык. А твой?
— О, и мой тоже.
— Круто! Извини, мне нужно идти.
— Хорошо. Увидимся завтра. Пока!
— Пока.

УРОК 1　ЗНАКОМСТВО

— 安娜，这是我的电话号码，让我们互通电话吧！
— 好。

— 你好！我叫季马。
— 你好，季马。我叫莉莉娅。
— 我要在这个学校读书了。
— 你可以做我同桌，这是空位。
— 哦，谢谢。你太好了。
— 你最喜欢哪门课，季马？
— 我最喜欢俄语。你呢？
— 哦，我也是。
— 太棒了！不好意思，我要走了。
— 好的，明天见。拜拜！
— 拜拜。

3) — Здравствуйте, Роза. Меня зовут Александр. Ваш номер мне дал Олег и порекомендовал вас как хорошего переводчика. Можете рассказать подробнее о себе и о своей квалификации?

— Здравствуйте, Александр. Да, я знаю Олега, мы работали вместе, у меня большой опыт работы в качестве переводчика, моя специальность — сельскохозяйственная техника. Я работаю в этой сфере десять лет, какая область интересует вас?

— Моя компания в этом году хочет закупить пять комбайнов, нам нужен переводчик на сельскохозяйственную выставку. Предлагаю встретиться после обеда и обсудить подробности за чашечкой кофе.

— Хорошо, я освобожусь в два часа дня.

— Отлично, я заеду за вами.

УРОК 1　ЗНАКОМСТВО

— 您好，罗莎。我叫亚历山大，奥列格给了我您的号码，向我推荐了您这位优秀的翻译，您能详细介绍一下您以及您的专业吗？

— 您好，亚历山大。是的，我认识奥列格，我们一起工作过。我有丰富的翻译经验，我的专业是农业机械，在这个领域已经工作十年了。您对哪方面感兴趣呢？

— 我们公司今年想购买五台联合收割机，在农业展会上我们需要翻译。我建议午餐后我们见面，边喝咖啡边详聊。

— 好的，我下午两点有时间。

— 好的，我去找您。

2. Слова и выражения 单词及语句

Как вас зовут? 您叫什么名字？

Меня зовут... 我叫……

Очень красивое имя. 很好听的名字。

Как ваша фамилия? 您姓什么？

听录音请扫二维码

Моя фамилия Ван. 我姓王。

Назовите свою фамилию и имя. 请说出您的姓名。

Вы русский / русская? 您是俄罗斯人吗（男/女）？

китаец / китаянка 中国人（男/女）

кореец / кореянка 韩国人（男/女）

японец / японка 日本人（男/女）

Я русский / русская. 我是俄罗斯人（男/女）。

Кто вы по национальности? 您是什么国籍？

Я хочу с вами познакомиться. 我想和您认识一下。

Какой ваш номер телефона? 您的电话号码是多少？

Не могли бы дать мне ваш номер телефона? 能否将您的电话号码给我？

его / её номер телефона 他/她的电话号码

Я очень рад (рада) с вами познакомиться. 很高兴认识您。

УРОК 1　ЗНАКОМСТВО

Я бы хотел увидеть Ивана. 我要见伊万。

Откуда вы приехали? 您来自哪里？

Я из России / из Китая. 我来自俄罗斯/中国。

Я первый раз в России / в Китае. 我第一次来俄罗斯/中国。

У меня есть друзья в Москве. 我有朋友在莫斯科。

Я уже побывал в Санкт-Петербурге. 我已经去过圣彼得堡。

Мне очень нравится здесь. 我很喜欢这里。

Больше всего мне понравилось в Санкт-Петербурге / в Москве / в Пекине. 我最喜欢圣彼得堡/莫斯科/北京。

Где вы остановились? 您住在哪里？

В какой гостинице вы живете? 您住在哪个酒店？

Мы живем в гостинице... 我们住在……酒店。

Где вы живете? 您住哪里？

Я живу в Москве. 我住在莫斯科。

Когда ваш день рождения? 你什么时候过生日？

Мой день рождения... 我的生日是……（日期）。

Вы говорите по-русски / по-китайски / по-английски? 您会说俄语/汉语/英语？

Я не говорю по-русски. 我不会说俄语。

Я немного говорю по-русски. 我会说一点儿俄语。

Нам нужен переводчик. 我们需要翻译。

Я понимаю. 我明白了。

Я не понимаю. 我不明白（听不懂）。

Вы меня понимаете? 您能明白吗（听得懂吗）？

Я вас плохо понимаю. 我不太明白。

Я вас понимаю, но не могу говорить. 我能听懂，但不会说。

Говорите, пожалуйста, медленно. 请慢点儿说。

Сколько вам лет? 您多大？

Мне ... лет. 我……岁。

Мы ровесники. 我们同岁。

Вы женаты? 您结婚了？（男）

Вы замужем? 您结婚了？（女）

У вас есть дети? 您有孩子吗？

Я женат. 我已结婚。（男）

Я замужем. 我已结婚。（女）

У меня есть дети. 我有孩子。

Я холост. 我未婚。（男）

Я не замужем. 我未婚。（女）

УРОК 1 ЗНАКОМСТВО

У вас есть брат / сестра? 您有兄弟/姐妹吗？

Чем вы занимаетесь? 您是做什么的？（指的是工作）

Кто вы по профессии? 您的职业是什么？

Я врач / учитель / инженер / рабочий / водитель / журналист / летчик / студент. 我是医生/老师/工程师/职员/司机/记者/飞行员/学生。

Где вы работаете? 您在哪里工作？

Где вы учитесь? 您在哪里学习？

Я учусь в институте / в школе. 我在大学学习/在学校（小学、初中、高中）。

Что вы изучаете? 您学什么？

3. Упражнение 练习

Составьте диалоги на тему "Знакомства".
请以"相识"为题编对话。

4. Справочник 小贴士

结识新朋友，初识时，称呼对方，要用表示尊敬的"您"，然后互问对方姓名，最好不要问女士年龄和男士收入。

УРОК 2
В АЭРОПОРТУ
第二课　在机场

1. Диалоги 对话

1) — Извините, скажите, пожалуйста, где находится паспортный контроль для иностранцев?
— Вот он, налево.
— Спасибо большое.

— Здравствуйте!
— Здравствуйте! Ваш паспорт?
— Вот он.
— Какая цель вашей поездки?
— Туризм.

2) — Здравствуйте! Покажите, пожалуйста, ваш паспорт и визу.
— Вот, пожалуйста.
— Вы едете в Москву?
— Да. В Москву.

УРОК 2　В АЭРОПОРТУ

— 请问外国人的护照检查在哪里？
— 在左边，这就是。
— 多谢。
— 您好！

— 您好！您的护照呢？
— 这就是我的护照。
— 您出行的目的是什么？
— 旅游。

— 您好！请出示护照和签证。
— 给您。
— 您要去莫斯科？
— 是的，去莫斯科。

— Какая цель вашей поездки?

— На учёбу.

— Какой срок в Москве (в России)?

— Один год.

— Вам нужно заполнить таможенную декларацию. Вы её заполнили?

— Да, вот моя декларация.

— Покажите ваш багаж, пожалуйста.

— Вот мой багаж. У меня только личные вещи.

— Благодарю, всё в порядке.

— Спасибо, всего хорошего.

УРОК 2　В АЭРОПОРТУ

— 请问您出行的目的是什么？

— 学习。

— 在莫斯科待多久？

— 一年。

— 您需要填写海关申报单。已经填了吗？

— 填了，这是我的申报单。

— 请把您的行李给我们看一下。

— 这就是我的行李，只有私人物品。

— 谢谢。一切正常。

— 谢谢。祝一切都好。

2. Слова и выражения 单词及语句

听录音请扫二维码

Где находится паспортный контроль?

入境护照检查在哪里？

Вот мой паспорт. 这是我的护照。

Я гражданин Китая / России / Японии / Кореи / США / Франции. 我是中国/俄罗斯/日本/韩国/美国/法国公民。

Моя фамилия ... 我姓……

Вот моя миграционная въездная (выездная) карта. 这是我的入境卡（出境卡）。

С какой целью вы приехали? 您此行的目的是什么？

Цель моей поездки – это бизнес / учеба / туризм. 我此行的目的是做生意/学习/旅游。

Моя профессия... 我的职业是……

Я пробуду здесь две недели / месяц / два месяца. 我要在这里待两周/一个月/两个月。

Помогите мне заполнить этот бланк. 请帮我填这个表。

Где я должен расписаться? 我要在哪里签字？

Я хочу позвонить в посольство Китая. 我想给中国大

УРОК 2 В АЭРОПОРТУ

使馆打电话。

Мне нужен переводчик. 我需要翻译。

Где получают багаж? 在哪里取行李?

Доставили ли мой багаж из Китая? 我的从中国来的行李到了吗?

Не хватает сумки? 行李包缺少了?

У меня не хватает сумки. 我行李缺一个包。

Я потерял сумку. 我丢了包。

Помогите, пожалуйста, найти мой багаж. 请帮我找回我的行李。

Вот моя багажная квитанция. 这是我的行李单。

Где можно взять тележку для багажа. 行李车在哪?

Мне нужен носильщик. 我需要行李员。

Сколько я должен? 我要付多少钱?

Сколько стоит? 多少钱?

Мой багаж был поврежден. 我的行李被损坏了。

Замок моей сумки сломан. 我包的锁坏了。

Моя коробка разорвана. 我的盒子被撕坏了。

Чемодан раскрылся, и вещи рассыпались. 我的包开了，东西都掉出来了。

Где проводится таможенный контроль? 海关检查在哪里？

У меня есть лицензия на вывоз. 我有出口许可证。

Откройте, пожалуйста, вашу сумку. 请把包打开一下。

У вас есть...? 您有……吗？

оружие 武器

наркотики 毒品

У меня только личные вещи. 我只有我的私人物品。

Какую пошлину я должен заплатить? 我要交什么税？

Я уже заплатил пошлину. 我已经交完了税。

Вот квитанция. 这是单子。

3. Упражнение 练习

Дополните диалоги.

请补全对话。

1) — Здравствуйте! Откуда вы приехали?

   —

2) — Где получают багаж?

   —

УРОК 2　В АЭРОПОРТУ

3) — Можете помочь мне заполнить миграционную карточку?

—

4. Справочник 小贴士

莫斯科共有四个机场，国际航班绝大多数在Шереметьево（谢列梅捷沃）机场，欧洲很多航班在Домодедово（多莫杰多沃）机场。从中国到莫斯科经常抵达的是Шереметьево（谢列梅捷沃）机场。所有入境旅客都要填写一张миграционная карточка（移民卡），白色的，国人常称为"小白卡"，这是入境卡，需填写一些基本信息，如姓名、性别、入境日期、停留时间、入境目的等。有英文和俄文两面，可填英文或俄文，填好后与护照一起上交检查，检查完毕会返回入境卡的一部分，这个一定要保留好，出境时海关要检查，而且办理落地签也需要这张海关盖章返回的小白卡。在机场海关也有行李检查，配合检查即可。携带现金及旅行支票在10000美元以内的无需申报，超过则需申报。一般来说，最好不要带大量的现金过俄罗斯海关。

УРОК 3
СОТОВАЯ СВЯЗЬ И ИНТЕРНЕТ
第三课　移动通信和互联网

现代俄语实用口语

1. Диалоги 对话

听录音请扫二维码

В салоне сотовой связи 在通信公司营业厅

1) — Здравствуйте! Я хочу купить сим-карту.

— Добрый день. Какого оператора сотовой связи вы предпочитаете?

— А какие компании вообще есть в России. Я только сегодня приехала.

— Основные сотовые компании в России: Мегафон, Мтс, Билайн.

— А я слышала, что ещё есть оператор Теле-2 и Yota. Ещё говорят, что у Yota недорогой и хороший интернет.

— Да, это так. Но названные мной операторы надёжнее.

— Мне нужен интернет, поэтому я выбираю оператор Yota.

— Хорошо. У вас есть с собой паспорт?

УРОК 3　СОТОВАЯ СВЯЗЬ И ИНТЕРНЕТ

— 您好！我想买电话卡。

— 您好！您想买哪个公司的电话卡？

— 有哪些公司的？我今天才来。

— 最主要的移动通信公司有：Мегафон, Мтс, Билайн。

— 但是我听说还有Теле-2 和Yota，据说Yota的网很好用，也不贵。

— 是的，是这样的。但是我刚刚讲的那些更值得信赖。

— 我要用网，所以我选择Yota。

— 好的。您带护照了吗？

— Ой! Похоже я забыла его в гостинице. Но у меня есть копия.
— К сожалению, по законам РФ мы не имеем права оформлять сим-карты по копиям документов. Необходимы оригиналы паспорта, визы и регистрации.
— И ничего нельзя сделать?
— Нет. Принесите оригинал, тогда я оформлю вам сим-карту.
— Хорошо, спасибо.

2) — Я так понимаю, вам нужен тариф для звонков за границу?
— Да, а в дальнейшем я смогу изменить тарифный план?

УРОК 3 СОТОВАЯ СВЯЗЬ И ИНТЕРНЕТ

— 啊，好像忘在宾馆了，但我有复印件。

— 很抱歉。按照俄罗斯联邦法律规定，我们无权使用证件复印件办理电话卡，必须是护照、签证和登记表原件。

— 没有其他办法了吗?

— 没有。请把原件带来，到时候我就给您办卡。

— 好的，谢谢。

— 我明白了，您是需要国际套餐吧?

— 是的，但以后还可以换套餐吗?

— Да, к тому же вы можете сменить оператора сети, не меняя номер телефона.

— Понятно. Могу я выбрать номер?

— Да, пожалуйста. Для международных звонков я советую вам оператора Мегафон. На текущем тарифе абонентская плата 700 рублей в месяц, но включено 30 минут бесплатных входящих минут из-за границы в день. А так же звонок в другую страну будет стоить 2 рубля за минуту.

— Хорошо, а как звонить в другую страну?

— Набираете сначала «+», потом цифровой код вашей страны. Для России это например «7», для Китая «86», а затем номер абонента.

— А что с интернетом на этом тарифе?

— В ваш тарифный план включено 20Гб внешнего интернета трафика, мессенджеры, такие как Контакт, Whats up, Viber, Facebook, а так же Youtube не потребляют трафика. Также бесплатны сервисы компании «Мегафон»: видео, телевидение.

УРОК 3　СОТОВАЯ СВЯЗЬ И ИНТЕРНЕТ

—可以，您还可以在不换号码的同时，更换网络运营商。

—明白了，可以选号吗？

—可以，请选吧。国际通话建议您选择Мегафон。目前这个套餐使用费是一个月700卢布，包括每天30分钟的免费国际通话时长，国际通话每分钟只需2卢布。

—好的，那怎么拨打国际电话呢？

—先按"+"，然后按国家代码，比方说：俄罗斯代码是"7"，中国的是"86"，然后再按用户号码。

—这一套餐的网络是什么样的？

—您这个套餐包括：20GB外网流量，而即时通信工具如Контакт, Whats up, Viber, Facebook等，以及Youtube不需要流量。"Мегафон"还包括一些免费服务，如视频、电视。

— Спасибо.Если у меня будут еще вопросы, куда обращаться?
— По номеру 0500. Вам в любое время ответят и помогут.
— Что нужно для оформления сим-карты?
— Только ваш паспорт с действующей визой и регистрация в полиции.
— Скажите, а как я могу подключить интернет в комнату в общежитии?
— Мы можем предложить вам только вариант 3G модема, от сотовых компаний. Если вам нужен проводной высокоскоростной интернет необходимо обратиться в офис компании по проводному интернету. Но лучше обратиться к коменданту общежития и узнать у него какие компании обслуживают здание по вашему адресу.

УРОК 3　СОТОВАЯ СВЯЗЬ И ИНТЕРНЕТ

—谢谢！如果我还有问题，到哪里咨询？

—拨打电话0500，随时为您服务。

—办卡需要什么？

—只需要您带有有效签证的护照和警察局的登记证就可以了。

—请问，在宿舍房间里如何开通网络？

—我们只能给您提供移动公司的3G解调器方案。如果您需要有线极速网络，需要去网络公司办公室咨询，但最好是问一下宿管处，有哪些公司为您住的地方提供网络服务。

— Спасибо. Тогда обращусь напрямую в компанию. До свидания!

— До свидания! Спасибо, что воспользовались нашими услугами.

У коменданта 宿管处

— Добрый день! Я хочу подключить интернет в свою комнату 312.

— Здравствуйте, хорошо. Оставьте заявку и свой номер телефона, Вам позвонит мастер и придет в удобное для Вас время, все подключит и настроит. Отметьте только нужен ли вам Wi-Fi роутер или нужно проводоное подкдючение.

— Я заполнила. Спасибо.

— Не за что. Ожидайте звонка.

УРОК 3　СОТОВАЯ СВЯЗЬ И ИНТЕРНЕТ

—谢谢，那我去网络公司问一下。再见！
—再见！感谢您的使用。

—您好！我想在我的房间312室安装网络。
—您好，好的。请留下您的申请和电话号码，会有工作人员给您打电话，然后在您方便的时间上门安装调试。只是还要注明，您需要Wi-Fi 路由器还是网线接口。
—我填好了，谢谢您。
—不客气。等电话吧。

2. Слова и выражения 单词及语句

听录音请扫二维码

Мне нужно купить сим-карту. 我想买电话卡。

Можно выбрать номер? 可以选号码吗?

Какие тарифные планы у вас есть? 您有哪些套餐?

Я хочу поменять тарифный план. 我想换套餐。

Сколько стоит интернет? 网络怎么收费?

Какая скорость? 网速怎么样?

Сколько стоит минута разговора?
打电话每分钟多少钱?

Есть ли абонентская плата? Какая абонентская плата в месяц? 有月租吗? 一个月月租多少钱?

В общежитии есть Wi-Fi? 宿舍有Wi-Fi吗?

Как настроить Wi-Fi в моей комнате? 怎么在我的房间设置Wi-Fi呢?

Как настроить сетевой интернет в моей комнате? 怎么在我的房间设置有线网?

Wi-Fi роутер есть? Сколько стоит? 有无线路由器吗? 多少钱?

Интернет кабель есть? Бесплатно или мне нужно заплатить? Сколько стоит? 有网线吗? 网线免费还

УРОК 3　СОТОВАЯ СВЯЗЬ И ИНТЕРНЕТ

是需要付费？多少钱？

Где положить деньги на интернет? 哪里可以交网费？

3. Упражнение 练习

Составьте диалоги, используя перечисленные выше предложения.

用上述（第2部分）的句子编对话。

4. Справочник 小贴士

俄罗斯有一百多家通信公司，其中最大的、用户最多的主要是：Мегафон, Мтс, Билайн。此外，还有 Tele2, Ростелеком, Смартс等公司，但其用户数量远比前三家要少。

在俄罗斯拨打国际电话只需要三步：首先按符号+，然后按国家代码，最后按需要拨打的对方电话号码。俄罗斯国家代码是7，中国国家代码是86。选择国际套餐后即可拨打国际电话。

在俄罗斯如果自己在外租房需要办网，可自行去办理网络的公司咨询，了解情况。如果住学校宿舍，可以向宿舍管理员了解情况，通常在递交申请表后会有人跟你联系，上门装网，或者宿管员给你对方的联系方式，然后自己拨打电话，约对方上门装网。可以网上缴费，主要的网费缴纳途径有：QIWI, Яндекс.Деньги, WebMoney等。

УРОК 4
СОВРЕМЕННЫЕ ПРОГРАММЫ ОБМЕНА СООБЩЕНИЯМИ И СОЦСЕТИ
第四课　现代即时通信和社交网络

1. Диалоги 对话

听录音请扫二维码

1) — Мне сегодня подключили интернет, вот хочу зарегистрироваться в социальной сети. Где лучше всего?

— Самая популярная социальная сеть—это Вконтакте и Инстаграмм. Из программ для отправки сообщений мы пользуемся Whats app, Viber и Telegram.

— Я слышала про Одноклассники.

— В Одноклассниках сидит моя мама и бабушка. А я и мои друзья все Вконтакте.

— Я только что создала страничку, добавь меня в друзья!

УРОК 4　СОВРЕМЕННЫЕ ПРОГРАММЫ ОБМЕНА СООБЩЕНИЯМИ И СОЦСЕТИ

—我今天办网了，我想在社交网上注册一下，哪个最好？

—最热门的社交网是Вконтакте和Инстаграмм。发短信的软件我们一般用Whats app, Viber 和 Telegram。

—我听说过Одноклассники。

—我妈妈和奶奶她们用Одноклассники，我和我的朋友们都在用Вконтакте。

—我刚设置好页面，添加我为好友吧。

2) — Привет, Анна!

— Привет, Ира!

— Вчера вечером я прочитала статью, которой ты поделилась, очень интересно!

— Да, много друзей поставили лайки на неё и написали комментарии.

— Это очень полезная статья, и мне надо сделать репост.

— Хорошо, нет проблем. И я смотрела твои селфи в «Моментах» в последние дни. Ты их сняла на берегу озера Байкал?

— Да. На прошлой неделе я была там на отдыхе.

— Как здорово! Завидую тебе.

3) — У меня много друзей из Китая, поэтому вчера я установил Wechat.

— Да? И что тебе в нём нравится?

УРОК 4 СОВРЕМЕННЫЕ ПРОГРАММЫ ОБМЕНА СООБЩЕНИЯМИ И СОЦСЕТИ

— 你好!安娜。

— 你好!伊拉。

— 我昨晚读了你分享的那篇文章,非常有意思。

— 是的,有很多好友点赞和评论。

— 这篇文章太有用了,我得转发。

— 好啊,没问题。我也看到了你最近在空间发的自拍照,是在贝加尔湖边拍的吗?

— 是的,我上星期去那里休假了。

— 真好!真羡慕你。

— 我有很多中国朋友,所以昨天我安装了微信。

— 真的吗?那你喜欢里面的什么呢?

— В нём можно отправлять голосовые сообщения. А ещё там очень смешные стикеры. Давай я отправлю тебе парочку.

— Но у меня нет Wechat. Как мне его установить?

— Если у тебя iphone, зайди в Apple App Store. Если другой телефон, то Google Play. После установки следуй указаниям программы.

— Хорошо, как только установлю, сразу напишу тебе.

— 可以发语音，还有很多非常搞笑的表情包，我给你发几个看看啊。
— 但是我没有微信，该怎么安装?
— 如果你用的是苹果手机，就到苹果应用商店下载；如果是其他手机，可以到谷歌市场。安装以后按照程序指示操作。
— 好的，安装好后，马上给你发信息。

现代俄语实用口语

2. Слова и выражения 单词及语句

поделиться статьей 分享文章

ставить / поставить лайк 点赞

писать / написать комментарии 写评论

делать репост 转发

селфи 自拍照

«Моменты» 空间，朋友圈

установить Wechat 安装微信

отправлять голосовые сообщения 发语音消息

смешные стикеры 搞笑的表情包

听录音请扫二维码

Какую программу обмена сообщениями больше всего вы используете? 您最常用的即时通信软件是什么？

Я больше всего использую Skype (Icq, Viber, Whatsapp, Wechat). 我用Skype (Icq, Viber, Whatsapp, Wechat)比较多。

Добавьте меня в контакты! 请添加我到您的联系人里。

Какую соцсеть вы используете? 您用什么社交网络？

Я использую Вконтакте (Одноклассники, Facebook...). 我用Вконтакте (Одноклассники, Facebook...)。

Добавьте меня в друзья! 请添加我为您的好友。

УРОК 4 СОВРЕМЕННЫЕ ПРОГРАММЫ ОБМЕНА СООБЩЕНИЯМИ И СОЦСЕТИ

3. Упражнение 练习

Составьте диалоги, используя перечисленные выше предложения.

用上述（第2部分）的句子编对话。

4. Справочник 小贴士

俄罗斯的社交网络很多，如Вконтакте, Одноклассники, Мой мир@mail.ru, Привет! Ру, В кругу друзей, Facebook, Skype, Icq, Viber, Whatsapp, Instagram等等。其中最受欢迎、使用最多的是Вконтакте。近年来，微信（Wechat）也开始在俄罗斯流行起来。

УРОК 5
ТРАНСПОРТ
第五课　交通

1. Диалоги 对话

听录音请扫二维码

1) — Я не знаю, куда сегодня поехать, в Москве так много интересных мест!

— Сегодня ужасная погода, поэтому сходи в Большой театр! Сегодня балет.

— О, обязательно схожу! А метро далеко от нашего общежития?

— Нет, не очень. Тебе нужно сесть на автобус номер 7, и проехать три остановки.

(Спустя некоторое время)

— Скажите, а где здесь ближайшая станция метро?

— Здесь нет линий метро, только автобусы.

— Как так, мой друг сказал, что автобус номер 7 идет до метро.

— Автобус 7 идет, но тут нет его остановки. Тут ходит автобус номер 1.

— Ох, я села не в тот автобус. Похоже, что я заблудилась, что же делать?

УРОК 5　ТРАНСПОРТ

— 我不知道今天去哪儿玩,莫斯科太多好玩的地方了。
— 今天天气不好,你去大剧院吧,今天有芭蕾舞演出。
— 啊,那一定要去。那地铁离我们宿舍远吗?
— 不远,不太远。你要乘7路公交车,坐三站。

(过了一会儿)

— 请问,离这里最近的地铁站在哪儿?
— 这里没有地铁线路,只有公交车。
— 怎么会这样,我朋友说7路公交车可以到地铁站。
— 7路公交车是到,但这里没有它的站点,这里有1路公交车。
— 哟,我坐错了车,好像迷路了,怎么办啊?

— Сядьте на автобус номер 4, и выходите на 8 станции. Там будет метро.
— Но у меня нет денег на проездном билете, что же делать?
— На остановке есть автомат для пополнеия счета.
— Спасибо вам большое!

2) — Здравствуйте!
— Здравствуйте!
— Предъявите ваши документы. Визы и студенческие билеты.
— У нас всё в порядке?
— Да, у вас с документами всё в порядке. Можете ехать. До свидания!
— До свидания. Всего доброго!

УРОК 5　ТРАНСПОРТ

— 那就坐4路公交车，坐8站，那里有地铁。

— 但我交通卡里没钱了，怎么办?

— 站台有自动充值机。

— 太感谢您了。

— 您好!

— 您好!

— 请出示你们的证件，签证和学生证。

— 我们的一切都正常吗?

— 是的，你们的证件没问题，可以走了，再见!

— 再见，祝一切顺利!

现代俄语实用口语

2. Слова и выражения 单词及语句

听录音请扫二维码

Как доехать до Большого театра? 去大剧院怎么走?

Где метро? 地铁站在哪儿?

Где находится ближайшая станция метро? 最近的地铁站在哪儿?

Где здесь остановка автобуса? 公交站在哪儿?

Мне надо сесть на второй автобус. 我要坐2路公交车。

У меня нет мелочи. 我没有零钱。

Где можно разменять деньги? 哪里可以换零钱?

Где можно купить билет? 哪里可以买票?

Я хочу купить билет на одну поездку. 我想买单程票。

Я хочу положить деньги на проездной билет. 我想给交通卡充值。

Сколько ещё остановок до Кремля? 到克里姆林宫还有多少站?

Где мне сделать пересадку? 我在哪儿转车?

На какую линию мне пересаживаться? 我在哪条线转?

Какой автобус идёт до Воробьёвых гор? 哪路车可以到麻雀山?

Туда идут другие автобусы? 还有别的公交车到那里

УРОК 5 ТРАНСПОРТ

吗?

С каким интервалом ходит автобус? 公交车多久一趟？

Когда следующая остановка? 什么时候到下一站？

Остановите, пожалуйста, на следующей остановке. 请在下一站停一下。

Когда мне выходить? 什么时候我该下车？

Вы выходите на этой остановке? 您在这站下吗？

Разрешите пройти. 请让一下。

Подвезите меня, пожалуйста, до Красной площади. 请载我到红场。

Я проехала свою остановку. 我坐过站了。

Я ошиблась остановкой. 我弄错站点了。

Я потерялась. 我迷路了。

Давайте возьмём такси! 我们打车吧。

Вызовите мне, пожалуйста, такси! 请给我叫辆出租车。

Вы свободны? 车可以走吗？

Я спешу, прошу вас ехать побыстрее! 我赶时间，请开快点。

Сколько за один километр? 一公里多少钱？

Какая стоимость по счётчику? 打表多少钱?

Туда можно доехать на метро? 坐地铁可以到那里吗?

Где выход метро? 地铁出口在哪里?

Какая следующая остановка? 下一站是哪里?

3. Упражнение 练习

Составьте диалоги, используя перечисленные выше предложения.

用上述（第2部分）的句子编对话。

4. Справочник 小贴士

俄罗斯城市交通工具有：公交、地铁、小巴、出租车等。地铁在莫斯科、圣彼得堡等大城市比较普遍，线路多，十分方便，但小城市多半以公交为主。公交站台上会明确标明每一趟经过的公交车的时刻以及站点。在街上警察可以随时检查外国人的证件，所以，您外出时一定要随身携带以下证件：护照、签证、移民卡、落地签。学生可以出示学生证代替护照（但有时警察需要给所在学校老师打电话，进一步核实学生信息），外交官可以出示外交卡。

УРОК 6
РЕСТОРАН
第六课 餐厅

现代俄语实用口语

1. Диалоги 对话

听录音请扫二维码

1) — Добрый день! Сколько вас?

— Нас трое. Можно столик у окна, пожалуйста.

— Простите, столик у окна уже занят.

— А где нам можно сесть?

— В углу есть свободные места. Там тихо и уютно. Вас это устроит?

— Да, вполне.

— Вот меню, пожалуйста. Вы готовы сделать заказ?

— Мы боимся, что не поймём названий всех этих блюд в меню. Вы не могли бы порекомендовать нам что заказать?

— С удовольствием. Наш ресторан славится своей кухней. Я бы порекомендовал вам на закуску персики, фаршированные курицей. Это наше фирменное блюдо. А в качестве основного блюда – телячью котлету и борщ.

УРОК 6　РЕСТОРАН

— 你们好！请问几位？

— 三位，请安排一个靠窗的位置。

— 不好意思，窗边的位置已经被占了。

— 那我们能坐哪儿？

— 角落那里有空位，那里既安静又舒适，你们觉得合适吗？

— 好的。

— 这是菜单。可以点菜吗？

— 我们看不懂菜单上的菜名，您能给我们推荐一下吗？

— 没问题。我们餐厅的菜做得很地道。我建议您凉菜可以点黄桃鸡丝，这是我们的招牌菜，主食可以点牛肉饼和红菜汤。

— Хорошо. Если, это возможно, приготовьте пожалуйста побыстрее, мы ужасно голодны.
— Хорошо, я скажу повару. А что вы будете пить?
— Компот, пожалуйста.
— Желаете десерт?
— Мы бы хотели мороженое и торт. Пока всё, спасибо.
— Хорошо. Минуту.

2) — Алло, это ресторан?
— Доброе утро! Слушаю вас.
— Возможно ли принести заказ в номер 807?
— Конечно. Что бы вы хотели заказать?
— Яичница, бутерброд с сыром, салат овощной, кофе и фрукты.
— Хорошо. Сейчас вам принесут.

УРОК 6 РЕСТОРАН

— 好的。如果可以的话请快些上菜,我们饿极了。

— 明白,我会告诉厨师的。那你们想喝点什么?

— 来点水果糖水吧。

— 要甜点吗?

— 要冰淇淋和蛋糕。暂时这么多,谢谢。

— 好的,请稍等。

— 喂,是餐厅吗?

— 早上好!请吩咐。

— 您能把早餐送到807号房吗?

— 当然可以。您想点什么?

— 煎蛋、夹干酪面包片、蔬菜沙拉、咖啡和水果。

— 好的,马上给您送来。

2. Слова и выражения 单词及语句

听录音请扫二维码

Я хочу кушать. 我想吃。

Я хотел бы поесть. 我想吃点东西。

Я умираю от голода. 我要饿死了。

Давайте перекусим. 我们随便吃点什么吧。

Может, поужинаем? 一起去吃晚饭吗？

Я хотел бы пригласить вас на ужин в ресторан. 我想请您去餐厅吃晚餐。

Давайте пойдём в ресторан обедать. Я угощаю вас. 我们去餐厅吃午饭吧，我请您。

В следующий раз я вас угощу. 下次我请您。

Вы не скажете, где здесь буфет? 请问这里的小卖部在哪儿？

В закусочной можно быстро и недорого пообедать. 在小吃店可以吃顿又快又省的午餐。

Вы не могли бы посоветовать нам хорошее кафе где-нибудь поблизости? 您能不能向我们推荐附近一家好点的咖啡馆？

Здесь поблизости есть фаст-фуды? 这儿附近有快餐店吗？

УРОК 6 РЕСТОРАН

На этой улице слева Макдоналдс, справа КФС. 这条街上左边有麦当劳，右边有肯德基。

Столик на троих, пожалуйста. 请给我们一个三人座。

Где можно помыть руки? 哪里可以洗手（上洗手间）？

Меню, пожалуйста. 这是菜单。

Что вы можете посоветовать в качестве основных блюд? 主食你能给我们推荐什么？

Порекомендуйте, пожалуйста, ваши фирменные блюда. 请推荐一下你们的特色菜。

Принесите, пожалуйста, ещё два прибора. 请再拿两套餐具来。

Достаточно. Пока всё. 够了，暂时就这么多。

Какой солёный! Есть невозможно! 太咸了！简直吃不了！

Мы не заказывали это. 我们没点这个。

Счёт, пожалуйста. 请结账。

Сколько с меня? 我该付多少钱？

Лучше каждый платит за себя. 最好AA制。

Сколько процентов на чаевые? 收百分之几的小费？

Это вам на чай. 给您小费。

3. Упражнение 练习

Составьте диалоги, используя перечисленные выше предложения.

用上述（第2部分）的句子编对话。

4. Справочник 小贴士

在俄罗斯出游可以品尝一下富有特色的俄餐。俄罗斯有不少广受欢迎的本土快餐厅，如莫斯科第一个快餐连锁餐厅МУ-МУ，以奶牛元素为装修特色，菜式丰富、价格亲民；还有Емеля，价格也很实惠。俄罗斯大型商场或人流密集的街道常有Крошка-картошка，土豆做法花样繁多，十分受俄罗斯人喜爱；Ёлки-палки是一家做俄罗斯家常菜的连锁快餐厅，标志是一只大公鸡，室内以俄罗斯乡村风格为主；Пельмешки да вареники和Первая пельменная以饺子为主，各种各样的馅儿超出您的想象；Теремок和Люблины主要以布林饼（блины)为特色，醇香奶味，配上各种口味的馅儿，十分美味；Чайная ложка是一家起始于圣彼得堡的布林饼快餐店，也有沙拉和俄式汤；Шоколадница（巧克力女王）大部分食物都与巧克力有关，除了各式咖啡巧

УРОК 6　РЕСТОРАН

克力饮品、蛋糕，还有一些餐食，值得品尝。Мама на даче也是俄罗斯传统菜肴连锁饭店，俄式红菜汤、凯撒沙拉都是其招牌菜；Токио Сити和Две Палочки以俄式口味的亚洲菜而闻名，工作日的中午12点到下午4点有商务套餐，有时人多还需要排队等位；Мама Рома、Додо Пицца、Две пиццы主要是俄式披萨连锁店，价格实惠，学生们经常点这两家的披萨外卖。

УРОК 7
ОТЕЛИ, ГОСТИНИЦЫ
第七课 宾馆，酒店

1. Диалоги 对话

听录音请扫二维码

1) — Добрый день!

— Здравствуйте!

— Я хочу забронировать номер.

— На какое число вы хотите забронировать номер?

— На пятое июня.

— На сколько вы планируете остаться?

— На две недели.

— Хорошо. Какой номер вы хотите: на одного или на двоих?

— На двоих.

— Скажите, пожалуйста, ваше имя и фамилию.

— Лю Кун.

— Спасибо. Мы будем рады видеть вас.

— До свидания.

УРОК 7 ОТЕЛИ, ГОСТИНИЦЫ

— 您好!
— 您好!
— 我想订房。
— 您想订几号的房?
— 六月五号。
— 您打算住多久?
— 两周。
— 好的。您想订哪种房：单间还是双人间?
— 双人间。
— 请说一下您的姓名。
— 刘昆。
— 谢谢。我们将很高兴见到您。
— 再见。

2) — Добрый день!

— Здравствуйте!

— Меня зовут Лю Кун. Я забронировал номер в вашей гостинице неделю назад.

— Повторите, пожалуйста, ещё раз своё имя.

— Лю Кун.

— Минуточку. Да, для вас есть двухместный номер на две недели.

— Но я прилетел один, поэтому я хочу поменять номер.

— Да, конечно. Мы можем предложить вам одноместный номер на десятом этаже.

— Сколько стоит номер в сутки?

— Пять тысяч рублей. Вас устраивает такой номер?

— Да.

— Тогда ваш номер 1007. Пожалуйста, заполните этот бланк. Вот ваш ключ.

— Где я могу позавтракать?

УРОК 7 ОТЕЛИ, ГОСТИНИЦЫ

— 您好!

— 您好!

— 我叫刘昆,一周前预订了贵酒店的房间。

— 请再说一下您的名字。

— 刘昆。

— 稍等。是的,您订了两周的双人房。

— 但只来了我一个人,我想换房。

— 当然可以。您可以住到十楼的单间。

— 一天多少钱?

— 5000卢布。您对这样的房间满意吗?

— 满意。

— 那您的房号是1007。请填一下表格。这是您的钥匙。

— 在哪儿吃早餐?

— Ресторан находится на пятом этаже. Также вы можете заказать завтрак по телефону.
— Хорошо. В вашей гостинице есть Интернет?
— Да, Интернет-кафе на третьем этаже.
— Прекрасно.
— Ещё в гостинице есть парикмахерская, химчистка и прачечная на втором этаже. А на первом этаже—сауна, бассейн и тренажерный зал.
— Спасибо. Сейчас я хочу подняться в номер.
— Лифт прямо. Если у вас будут проблемы, обратитесь к администратору. Для этого нажмите кнопку вызова. Всего доброго!
— Спасибо.

3) — Здравствуйте. Стойка регистрации.
— Здравствуйте. Свет в ванной не работает. Не могли бы послать кого-нибудь взглянуть на него?

УРОК 7 ОТЕЛИ, ГОСТИНИЦЫ

— 餐厅在五楼。您也可以电话叫餐。

— 好的。你们酒店有网络吗?

— 有。网咖在三楼。

— 太好了。

— 另外酒店二楼还有理发店、干洗店和洗衣房。一楼有桑拿、游泳池和健身房。

— 谢谢。现在我想去房间。

— 直走就是电梯。如果您有问题,可以按呼叫按钮,询问管理员。再见!

— 谢谢。

— 您好,接待处。

— 您好,我浴室的灯坏了,可以派人过来看一下吗?

— Конечно. Какой у вас номер?

— Номер 15.

— Хорошо, через минуту у вас будет человек.

— Замечательно. И еще — у меня в номере нет списка номеров сервисов обслуживания. У вас есть такие сервисы?

— Да, конечно. У нас круглосуточное обслуживание. Извините за неудобства. Работник отеля принесет все необходимое прямо сейчас.

— Спасибо.

— Если вам понадобиться что-либо еще, просто дайте мне знать.

— Хорошо, спокойной ночи.

— Спокойной ночи.

4) — Добрый вечер. На мое имя должен быть забронирован номер. Меня зовут Лю Кун.

УРОК 7 ОТЕЛИ, ГОСТИНИЦЫ

— 当然可以。请问您在几号房?

— 15号。

— 好的,过会儿会有人去您那儿。

— 太好了。还有,我的房间没有客房服务菜单。你们提供服务吗?

— 当然,我们全天提供服务。很抱歉给您带来不便,客房服务员马上会把菜单给您送去。

— 谢谢。

— 如果您还有什么需要,告诉我就行。

— 好的,晚安。

— 晚安。

— 晚上好,我在您这儿预订过房间,我叫刘昆。

— Сейчас посмотрю. Да, для господина Лю забронирован номер. Вы говорите по-русски?
— Немного.
— Я могу предложить вам номер на втором или на восьмом этаже. Какой вы предпочитаете?
— Я посмотрел 801-ый номер, он меня устраивает.
— Хорошо. Пожалуйста, заполните регистрационную карточку, укажите ваши имя и фамилию, гранжданство, возраст, номер паспорта.
— Посмотрите, так правильно?
— Да, правильно. Разрешите посмотреть ваш паспорт. На сколько дней вы собираетесь остановиться у нас?
— На четыре дня. Платить сразу?
— Нет. Перед отьездом подойдёте сюда и заплатите.
— Спасибо.

УРОК 7 ОТЕЛИ, ГОСТИНИЦЫ

— 我查一下，对，是有位刘先生预订过房间，您会说俄语吗？
— 会一点点。
— 我们现在有2层和8层的房间可供选择，您想住几层？
— 我已经看过801房间了，挺适合我的。
— 好的。请在登记卡填上姓名、国籍、年龄和护照号码。
— 您看一下，这样填对吗？
— 对的。请把您的护照给我看看。您打算住几天？
— 4天。要不要现在付款？
— 不用。您走之前结账。
— 谢谢。

5) — Здравствуйте, я здесь в командировке. Для меня забронирован номер на пять дней.
— Пожалуйста, заполните анкету и подойдите к стойке регистрации.
— Простите, а где она?
— Здесь же в холле, налево.
— Здравствуйте, моя фамилия Лю, для меня забронирован номер, правильно?
— Одну минуточку. Вы Лю Кун?
— Да.
— Для вас забронирован номер 175.
— А где я могу взять ключ?
— Пойдёмте вместе.
— Хорошо, спасибо.

УРОК 7 ОТЕЛИ, ГОСТИНИЦЫ

— 您好，我是来这里出差的，预订了五天的房间。

— 请您先登记一下，再找服务员。

— 请问服务员在哪里?

— 在大厅左边。

— 您好，我姓刘，给我留了一个房间，对吗?

— 稍等。您是刘昆吗?

— 是的。

— 给您留了175号房间。

— 去哪儿拿钥匙?

— 我带您去。

— 好的，谢谢。

6) — Алло! Это гостиница «Москва»?

— Да, гостиница «Москва». Слушаю вас.

— Я хочу заказать номер, начиная с воскресенья. Можно сделать заказ?

— Пожалуйста. У нас есть свободные номера. На какой срок?

— Скажем, на неделю. С воскресенья до субботы.

— Когда вы хотите приехать?

— Завтра, завтра воскресенье, по расписанию самолёт прибывает в 9:50.

— Хорошо, одноместный или двухместный?

— Двухместный, я с женой.

— Фамилия, имя, отчество ваше и супруги.

— Рудин Антон Николаевич и Рудина Яна Алексеевна.

— Заказ принят. Номер будет готов 21 числа, с 12 часов дня. По приезду обратитесь к администратору.

УРОК 7　ОТЕЛИ, ГОСТИНИЦЫ

— 喂,这里是"莫斯科"宾馆吗?

— 是的,是"莫斯科"宾馆,您有什么事?

— 我想订一个房间,从星期天开始,可以预订吗?

— 当然可以,我们有空房间,要订多长时间?

— 先订一星期吧,星期日到下星期六。

— 您打算什么时候到?

— 明天就到,明天就是星期日,航班9点50分到达。

— 好的,请问您是订单人间还是双人间?

— 双人间,我和妻子。

— 您和您夫人的姓名和父称?

— 卢金·安东·尼古拉耶维奇和卢金娜·杨娜·阿列克谢耶夫娜。

— 订好了,房间订在21号中午12点,您到后找管理员就可以了。

现代俄语实用口语

2. Слова и выражения 单词及语句

听录音请扫二维码

В какой гостинице нам лучше остановиться? 我们住哪个宾馆好呢?

Какую гостиницу вы рекомендуете? 您推荐哪家宾馆?

Где находится эта гостиница? 这家宾馆在哪儿?

Как проехать / пройти в эту гостиницу? 到这家宾馆怎么走?

Сколько звезд у этой гостиницы? 这家酒店是几星级?

Это одна из самых современных гостиниц в нашем городе. 这是我们城市最现代化的宾馆之一。

Это гостиница, построена благодаря совместным инвестициям Китая и России. Её строительство, внутренняя отделка помещения, удобства и уровень обслуживания являются одними из лучших в мире. 这是一家中俄合资的宾馆,其建筑、内部装潢、设施和服务水平堪称国际一流。

Это отель со звёздами (пятизвёздочный отель, четырёхзвёздочный отель, трёхзвёздочный отель). 这是星级(五星级、四星级、三星级)酒店。

УРОК 7 ОТЕЛИ, ГОСТИНИЦЫ

При гостинице есть спортивный зал, бассейн, парикмахерская, салон красоты. Горячо приветствуем! 饭店设有健身房、游泳池、美发厅、美容厅。欢迎光临!

При гостинице есть магазин, в котором продают русские художественные изделия. Можно выбрать на любой вкус. 宾馆里有商店，出售俄罗斯工艺品，可以任意挑选。

В гостинице есть специальные экскурсоводы, которые могут сопровождать вас во время экскурсии по достопримечательностям нашего города. 宾馆有专门的导游，可以陪同参观本市风光。

Добро пожаловать в нашу гостиницу (наш ресторан)! 欢迎您入住我们的宾馆（饭店）!

У вас есть свободные места? 还有空房吗?

Свободных номеров у нас сейчас нет. 现在我们这儿没有空房了。

С какого числа? 从几号开始?

На сколько дней? 住几天?

Как долго вы планируете оставаться? 您打算住（待）多久?

现代俄语实用口语

один день 一天

два дня 两天

неделю 一周

Какой номер вы желаете? 您想住哪种房?

Я бы хотел ... 我想住……
- номер на одного. 单人间。
- номер на двоих. 大床房。
- номер с двумя кроватями. 标准间。
- номер-люкс. 豪华套房。

Я хотел бы номер с ванной / душем / видом на море / балконом... 我想住有浴室/淋浴/海景/阳台……的房间。

Надеюсь, это далеко от лифта. Я плохо сплю. 我希望房间离电梯远点儿，我睡眠不好。

Я хотел бы полный пансион / полупансион. 我想要全食宿/半食宿。

Можно ли поставить дополнительную кровать? 可以加床吗?

В этом номере есть интернет / кондиционер / телевизор...? 这间房有网络/空调/电视……吗?

Есть ли тут бассейн / сауна / спортзал / салон красоты / лифт...? 这儿有游泳池/桑拿/健身房/美容

УРОК 7 ОТЕЛИ, ГОСТИНИЦЫ

院/电梯……吗?

У вас горячая вода в течение суток? 你们这里昼夜都有热水吗?

Здесь можно держать домашних животных? 这儿可以养宠物吗?

У вас есть вход для инвалидной коляски? 您这儿有轮椅通道吗?

У вас есть автомобильная стоянка? 您这儿有停车场吗?

Туалет и ванная общие. 公用厕所和浴室。

Раздельный санузел. На входной двери в подьезде установлен кодовый замок. 这儿有独立的卫生间和浴室。在楼门口有防盗门。

Сколько стоит одна ночь? 一晚多少钱?

Входит ли в стоимость завтрак? 房费里包含早餐吗?

Это немного больше, чем я готов заплатить. 这比我预算的要多一点。

Что же делать? Что вы мне посоветуете? 怎么办? 您能给点建议吗?

Вы можете сделать скидку? 可以打折吗?

У вас есть что-нибудь подешевле / побольше / поспокойней...? 您这儿有更便宜点/大点/安静点儿的

房间吗?

Я могу посмотреть комнату? 我可以看下房间吗?

Хорошо, я беру этот номер. 好，我要这间房。

Я хотел бы сделать бронирование. 我想预订。

Ваше имя, пожалуйста. 请告诉您的名字。

Назовите ваше имя. 请报一下您的名字。

Назовите ваш номер кредитки / номер телефона... 请报一下您的信用卡号/电话号码……

Во сколько вы приезжаете? 您什么时候到?

У меня забронировано. 我已经预订过了。

Предъявите паспорт, пожалуйста. 请出示您的护照。

Заполните регистрационную карту. 请填落地签。

Я бронировал номер с двумя кроватями. 我订了一个标准间。

Я бронировал двухместный номер с одной кроватью. 我订了一个大床房。

Во сколько завтрак? 几点早餐?

Завтрак с 7 до 10 часов. 早餐时间为7点到10点。

Могу я заказать завтрак в комнату, пожалуйста? 我可以叫早餐到房间吗?

Во сколько ресторан открывается для ужина? 餐厅晚

УРОК 7 ОТЕЛИ, ГОСТИНИЦЫ

餐几点开始?

Ужин подается с шести до половины десятого. 晚餐供应时间为6点到9点30分。

Во сколько закрывается бар? 酒吧几点关门?

Вам нужна помощь с багажом? 您需要帮忙提行李吗?

Багаж сейчас будет доставлен в номер. 行李马上送到房间。

Это ваш ключ от номера. 这是您的房间钥匙。

Вот ваши талончики на бесплатный завтрак. 这是您的免费早餐券。

Ваш номер 259. 您的房间号是259。

Ваш номер на втором этаже. 您的房间在二楼。

Где находятся лифты? 电梯在哪里?

свободные места 空房间

Свободных мест нет. 没有空房间（客满）。

регистрация 注册，登记

консьерж 礼宾部

лифт 电梯

бар 酒吧

ресторан 餐厅

Не беспокоить! 请勿打扰!

现代俄语实用口语

Лифт не работает. 电梯坏了。

Ключ не подходит. 钥匙对不上。

Я забыл ключ в номере. 我把钥匙忘在房间里了。

Нет горячей воды. 没有热水。

Этот номер выходит на улицу, в нём не шумно? 这个房间临街，是不是很吵？

В комнате слишком жарко / холодно / шумно... 房间里实在太热/冷/吵……

Я хотел (-ла) бы более тихий номер, мне нужно здесь работать. 我想要一间比较安静的房间，我需要在这儿工作。

В этом номере темновато, вы можетет подобрать мне номер на солнечной (южной) стороне? 这个房间比较暗，可以给我调一间向阳（朝南）的房间吗？

В вашей гостинице можно обменять иностранную валюту (позвонить за рубеж, воспользоваться телефаксом, заказать билеты на поезд)? 你们旅馆里能兑换外币（打国际长途、发传真、订购火车票）吗？

Отопление / Душ / Телевизор... не работает. 暖气/淋浴/电视……坏了。

УРОК 7　ОТЕЛИ, ГОСТИНИЦЫ

Одна лампа не работает. 坏了一个灯。

Там нет туалетной бумаги / мыла / шампуня... 那儿没有卫生纸/肥皂/洗发水……

Не могли бы вы дать мне полотенце? 您可以给我毛巾吗?

Не могли бы вы дать мне дополнительное одеяло, пожалуйста? 可以再给我一床被子吗?

Моя комната не прибрана. 我的房间没收拾。

Поменяйте постельное бельё, пожалуйста. 请换一套床上用品。

Разбудите меня, пожалуйста, завтра в шесть часов. 明天早上六点钟请叫醒我。

Ко мне кто-нибудь приходил? 有人找过我吗?

Когда в вашей гостинице расчётный час? 宾馆结账的时间是几点?

Я хотел бы уехать на день раньше. 我想提早一天走。

Я хотел бы продлить мое пребывание на несколько дней. 我想再续住几天。

Я хотел бы освободить номер. 我想退房。

Можно получить счет? 可以给我账单吗?

Я хотел бы оплатить счет. 我想结账。

Кажется, в счете ошибка. 账单好像错了。

Извините, но это не моя подпись. 不好意思，这不是我的签字。

Как вы желаете оплатить? 您想用什么方式支付？

Я заплачу кредитной карточкой/чеком/наличными/через Вичат/через Alipay... 我用信用卡/支票/现金/微信/支付宝……支付。

Вы пользовались мини-баром? 您用过迷你吧吗？

Мы не пользовались мини-баром. 我们没有用过迷你吧。

Вы не поможете нам отнести вниз багаж? 您可以帮我们把行李拿下来吗？

Мы могли бы где-то оставить багаж? 我们可以把行李放哪里？

Могу я получить чек, пожалуйста? 能给我小票吗？

Надеюсь, ваше пребывание было приятным. 祝您入住愉快。

Мое пребывание было очень приятным. 我在这里住得很开心。

УРОК 7　ОТЕЛИ, ГОСТИНИЦЫ

3. Упражнения 练习

Составьте диалоги, используя перечисленные выше слова и предложения.

用上述（第2部分）单词及句子，编写一段入住宾馆的对话。

4. Справочник 小贴士

1) 根据俄罗斯联邦法律的规定，外国人在入境后3个工作日内，必须到居住地的内务部或者酒店办理登记手续(регистрация)，一般简称为俄罗斯落地签。

(1) 酒店办理俄罗斯落地签（适用于持有短期旅游签证者）。一般短期旅游多在酒店入住当天，将护照交给酒店专门的办理窗口，第二天落地签就可以办好。

(2) 内务部办理俄罗斯落地签（适用于持有长期商务、工作签证者）。本人或其所邀请公司应前往俄罗斯内务部办理登记手续。

(3) 外事办办理俄罗斯落地签（适用于持有长期留学签证者）。持有俄罗斯留学（读学位、访学等）签证者，若住在学校安排的宿舍，则在入境后将

材料交给学校或每个系的外事部门办理；若是在外租房，则由房东帮助办理；若住宾馆，由宾馆办理；若随旅行社，则由旅行社负责办理。

(4) 俄罗斯落地签需要护照首页、签证页、入境信息卡（即移民卡，在机场落地后填写，边检人员盖章）等的原件及复印件。

2) 俄罗斯宾馆可以分为两大类，一类是俄罗斯沿袭苏联标准自己确定的星级标准，分为四星、三星和二星。这类宾馆硬件条件和服务一般，但价格优惠，具有一定的竞争力，一般不超过50美元；另一种是近几年来按照国际标准修建的星级宾馆，多为五星级和四星级，服务和设施一流，但价格昂贵。

3) 俄罗斯酒店客房内一般不提供拖鞋及牙刷牙膏（有的大酒店可以向前台要牙刷牙膏＜俄语为один набор зубной гигиены＞、拖鞋、梳子，是免费的），游客们最好自备这些起居用品。习惯喝热水的游客要注意，酒店客房也不提供饮用热水，可以自备热水器或找楼层服务员借用，但需付小费。俄罗斯电源插座多为圆头，如需要请自备转换插头（有的大酒店房间床头有usb接口）。

УРОК 8
АРЕНДА КВАРТИРЫ
第八课 租房

现代俄语实用口语

1. Диалоги 对话

听录音请扫二维码

1) — Здесь рядом есть хорошее агентство недвижимости?
   — Да, есть. Идите направо, на первом этаже.
   — Спасибо.

2) — Какую квартиру вы хотите снять?
   — Я хочу снять квартиру с мебелью и с окнами на юг. Если можно, лучше в тихом районе, и недалеко от центра города.
   — Хорошо. Сейчас у нас есть двухкомнатная квартира, площадью 90 кв. метров. В комнате есть кондиционер и отопление, со всеми удобствами.
   — На каком этаже? Есть лифт?
   — На десятом этаже. Лифт есть.

УРОК 8 АРЕНДА КВАРТИРЫ

— 这附近有没有好的房屋中介?
— 有的,往右走,一楼。
— 谢谢。

— 您想租什么样的房子?
— 我想租一套带家具的公寓,窗户朝南。如果可以,最好在安静的小区,并且离市中心不远。
— 好的,我们这里有间两居室的房子,面积为90平方米。房间里有空调和暖气,设备齐全。
— 在几楼? 有电梯吗?
— 在10楼,有电梯。

— Когда можно прийти к вам посмотреть квартиру?
— Завтра в 2 часа дня. Вам удобно?
— Удобно.
— Хорошо. Тогда давайте посмотрим вместе.

3) — Это двухкомнатная квартира. На входной двери в подъезде установлен кодовый замок, здесь неопасно. В квартире есть гостиная, столовая и спальня.
— Прихожая большая.
— Да, и полы паркетные. У стен хорошая звукоизоляция и теплоизоляция.
— Плита газовая или электрическая?
— Электрическая.
— Мне нравится эта квартира. Сколько минут от метро?

УРОК 8　АРЕНДА КВАРТИРЫ

— 什么时候可以去看房?
— 您明天下午2点方便吗?
— 方便。
— 好的，到时候我们一起去看。

— 这是一室一厅的房子，有客厅、餐厅和卧室。楼道口有密码锁，这里很安全。
— 客厅挺大的。
— 是的，地板是镶木地板。墙体隔音、隔热效果都很好。
— 是煤气灶还是电灶?
— 电灶。
— 我喜欢这套房子，离地铁站多远?

— Пять минут ходьбы от метро.
— Какова аренда (арендная плата)? Нужно оставить денежный залог?
— Оплата 50000 рублей в месяц, денежный залог тоже 50000 рублей. Сумма оплаты включает в себя расходы за воду и газ, но не включает расходы за электричество и телефон. Оплата должна быть произведена до 15-ого числа каждого месяца.
— Что требуется, чтобы держать домашних животных в квартире?
— У вас есть домашние животные? В этой квартире их держать не разрешается.
— Хорошо. Спасибо!

УРОК 8　АРЕНДА КВАРТИРЫ

— 步行5分钟。

— 房租是多少？需要付押金吗？

— 房租一个月50000卢布，押金也是50000卢布。房租包括水费、煤气费，但不包括电费和电话费。每月的15号以前交房租。

— 对养宠物有什么要求？

— 您不养宠物吧？我们不允许在家里养宠物。

— 明白了，谢谢。

2. Слова и выражения 单词及语句

организация, занимающаяся наймом квартир 经营租房业务的机构（房屋中介）

кондиционер 空调

горячая вода 热水

отопление 暖气

听录音请扫二维码

Вы не расскажете мне об этой квартире? 能给我介绍一下这套房子吗？

Какой здесь адрес? 这儿的地址是什么？

комната с верандой 带阳台的房间

однокомнатная квартира 单间

квартира с двумя спальнями 有两间卧室的房子

ванная 浴室

санузел 卫生间

балкон 阳台

снять квартиру поблизости 在这附近租房子

Смотрите, объявление! Сдаётся квартира. 看，广告！房屋出租。

Хочу найти двух-трёх соседей по квартире, чтобы разделить расходы. 想找两三个人合租，这样可以分

担房租。

ставить машину в парке 在停车场停车

ставить машину на стоянке перед зданием 在大楼前的停车位停车

хорошая звукоизоляция 隔音效果好

не шуметь после десяти вечера 晚上10点以后不要吵闹

Можно держать кота, но собаку — нельзя. 可以养猫，但不能养狗。

3. Упражнение 练习

Виктор хочет снять чистую и уютную однокомнатную квартиру с туалетом, ванной и балконом недалеко от университета. Составьте диалоги. 维克多想要在学校附近租一间带有独立卫生间和浴室的单间，干净舒适有阳台，请你为他和房屋中介编写一段对话。

4. Справочник 小贴士

对于初次赴俄、没有语言基础的学生，若学校提供宿舍则尽量住在宿舍，安全方便。但由于俄罗斯大

学宿舍房间普遍老旧，床位也不够，有些学生也选择在外租房。租房渠道：① 在网上寻找靠谱的房屋中介（агентство недвижимости），例如 «ИНКОМ-Недвижимость»，«Миэль»等，一般单纯看房不收取中介费；此外，在avito.ru网站上也有私人业主直接发布租房信息。② 公交车站牌处也会贴出相关租房信息。③ 报纸«Моя реклама»或«Из рук в руки»会刊登租房信息。④ 熟人介绍，或者加入留学生群获取信息。

УРОК 9
МАГАЗИНЫ, ПОКУПКИ
第九课　商场，购物

1. Диалоги 对话

1) — Здравствуйте, сколько стоит этот свитер?

— Здравствуйте! Это свитер стоит 1000 рублей.

— Можно ли мне примерить?

— Да, конечно.

— Где примерочная?

— Идите прямо и увидите её.

— Хорошо, спасибо вам.

— Не за что.

听录音请扫二维码

2) — Здравствуйте, могу ли я чем-нибудь вам помочь?

— Спасибо, я просто смотрю.

УРОК 9 МАГАЗИНЫ, ПОКУПКИ

— 您好！这件高领毛衣多少钱？
— 您好！这件高领毛衣1000卢布。
— 可以试一下吗？
— 当然可以。
— 试衣间在哪儿？
— 直走，您会看到的。
— 好，谢谢您。
— 不客气。

— 您好，有什么可以帮您吗？
— 谢谢，我只是看看。

3) — Здравствуйте, какие соки у вас есть?

— Здравствуйте! У нас есть яблочный, апельсиновый, персиковый, виноградный и другие, какой вам надо?

— Дайте, мне, пожалуйста, один персиковый, сколько стоит?

— 109 рублей.

— Вам 109 рублей.

— Вот ваш сок.

— Спасибо!

— Пожалуйста !

УРОК 9 МАГАЗИНЫ, ПОКУПКИ

— 您好！您这儿有些什么果汁？

— 您好！我们这儿有苹果汁、橙汁、桃汁、葡萄汁等，您需要哪种？

— 请给我桃汁，多少钱？

— 109卢布。

— 给您109卢布。

— 您的果汁。

— 谢谢。

— 不客气。

2. Слова и выражения 单词及语句

听录音请扫二维码

Сколько стоит? 多少钱?

Это дорого / дешево. 这个贵了/便宜。

Это очень дорого, я хотел бы что-нибудь подешевле. 这个很贵，我要便宜一点的东西。

Где я могу купить хлеб / сок / молоко / воду / мясо? 在哪里可以买面包/果汁/牛奶/水/肉？

Я хочу пойти за покупками. 我想去购物。

Где здесь поблизости супермаркет? 这儿附近哪里有超市？

Где ближайший магазин? 附近的商店在哪儿？

В какие часы работает этот магазин? 这个商店什么时候营业？

Открывается в восемь утра, закрывается в девять вечера. 早上八点开门，晚上九点关门。

Магазин работает 24 часа (круглосуточно). 商店二十四小时营业（全天营业）。

Магазин открыт каждый день? 每天都开门吗？

Магазин закрыт по понедельникам. 周一关门。

Что вы желаете? 您需要什么？

УРОК 9 МАГАЗИНЫ, ПОКУПКИ

Могу ли я чем-нибудь вам помочь? 我可以帮您吗?

Спасибо, я просто смотрю. 谢谢，我只是看看。

Есть ли у вас...? 您有……吗?

Мне нужен... 我要……

Я не могу найти... 我找不到……

Мне нравится. 我喜欢。

Мне не нравится. 我不喜欢。

Что вы мне посоветуете купить? 您建议我买什么?

Я хочу купить сувенир. 我要买纪念品。

Покажите мне, пожалуйста, ... 请给我看看……

Я беру это. 我买这个。

Я хочу обменять этот товар на другой. 我想把这个商品换成那个。

Я хочу вернуть товар. 我想退货。

Он просроченный. 它过期了。

Он сломанный. 它坏了。

Позовите администратора магазина. 请叫一下商店经理。

Могу ли я заплатить в иностранной валюте? 我可以用外汇吗?

Могу я заплатить банковской / кредитной картой? 我可以用储蓄卡/信用卡支付吗?

Вы мне не дали сдачу. 您没找给我钱。

Где находится отдел мужской / женской одежды? 男/女装柜台在哪里?

Я хочу купить 我想买
- футболку. T恤。
- джинсы. 牛仔裤。
- брюки. 裤子。
- платье. 裙子。
- рубашку. 衬衫。
- костюм. 西装。
- свитер. 毛衣。
- пальто. 外套/大衣。
- купальник. 游泳衣。
- галстук. 领带。

Можно ли мне примерить? 可以试一下吗?

Где примерочная? 试衣间在哪里?

Пожалуйста, пройдите сюда. 请到这边。

Эта футболка мне подходит / не подходит. 这件T恤我穿正好/不适合我。

Подходит ли мне этот свитер? 这件毛衣适合我吗?

УРОК 9 МАГАЗИНЫ, ПОКУПКИ

Эти джинсы малы, дайте померить другие. 这条牛仔裤小了，给我试一试别的。

Какой размер одежды вы носите? 你平时穿多大的？

Точно не знаю. 我不太清楚。

Дайте, пожалуйста, / 请给我
- пачку кофе. 一包咖啡。
- двести граммов сыра. 200克干酪。
- две бутылки вина. 两瓶葡萄酒。
- пачку сигарет. 一盒烟。

Какие соки у вас есть? / 您这里有什么果汁？
- Яблочный. 苹果汁。
- Апельсиновый. 橙汁。
- Персиковый. 桃汁。
- Виноградный. 葡萄汁。

Взвесьте, пожалуйста, один килограмм / 请称一公斤
- яблок. 苹果。
- персиков. 桃子。
- винограда. 葡萄。
- груш. 梨。
- апельсинов. 橙子。
- огурцов. 黄瓜。
- помидоров. 番茄。
- баклажанов. 茄子。

Сколько весит этот арбуз? 这个西瓜有多重？

3. Упражнение 练习

Дополните диалоги.

请根据上下文内容，补全对话。

— Здравствуйте! Можно мне хлеб?

—

— Вот это белый.

— Здравствуйте! Есть у вас русские сувениры?

— Здравствуйте! А что вы ищете?

— Вот этот...

— Он стоит 150 рублей.

4. Справочник 小贴士

　　俄罗斯购物很方便，有市场、超市、小食品店、购物中心等，丰俭由人。在购物中心，买衣服和鞋子都可以试穿，有试衣间，购物主要使用的货币是卢布，支付方式可以用现金、俄罗斯的银行卡、中国的VISA卡、中国的银联，有的商店还可以用中国的支付宝。

УРОК 10
ОБРАЗОВАНИЕ
第十课 教育

现代俄语实用口语

1. Диалоги 对话

听录音请扫二维码

В университете 在大学里

1) — Извините, вы не подскажете, где находится деканат юридического факультета?
— Юридический факультет находится не здесь, а в соседнем корпусе. Деканат на втором этаже.
— Ясно. Спасибо большое!

2) — Я хочу поступить на ваш факультет. Что для этого нужно?
— Вам нужно принести паспорт, сертификат, заполнить анкету и заплатить за обучение.
— Сколько стоит обучение у вас на факультете?
— Пожалуйста, посмотрите. Вот наши цены.

УРОК 10　ОБРАЗОВАНИЕ

— 请问，法律系主任办公室在哪儿?
— 法律系不在这里，在隔壁楼，系主任办公室在二楼。
— 知道了，多谢。

— 我想要报考贵系。为此需要什么?
— 您需要带护照、证书，填表格和付学费。
— 贵系学费是多少?
— 请看，这是我们的价格。

3) — Как я могу перейти в другую группу?
— Вам нужно написать заявление, объяснить причину.
— На чьё имя писать заявление?
— На имя ректора.

В аудитории 在教室里

1) — Все пришли? Кого нет?
— Одного нет.
— Кого?
— Ивана.
— Почему его нет? Он заболел?
— Не знаю. Может быть, он проспал.

УРОК 10 ОБРАЗОВАНИЕ

— 我怎样才能转到另一个班?

— 您要写申请，说明原因。

— 申请写给谁?

— 写给校长。

— 都来了吗? 谁没来?

— 有一位同学没来。

— 谁没来?

— 伊万。

— 为什么没来? 病了?

— 不知道，可能睡过头了。

2) — Всем понятно?

— У меня к вам вопрос. Можно?

— Да. Задай, пожалуйста.

— Что значит это слово? Почему так изменяется?

— Это предложный падеж. Слово изменяется по правилам.

— Я не понимаю. Объясните подробнее, пожалуйста.

3) — Какие задания нужно сделать?

— На странице 103, задание 7.

— Эти задачи слишком трудные. Я не знаю, как решить эти задачи. Помогите, пожалуйста.

УРОК 10　ОБРАЗОВАНИЕ

— 大家都明白了吗?

— 我有一个问题，可以问吗?

— 可以，请问吧。

— 这个单词是什么意思? 为什么这样变?

— 这是第六格，单词要按照规则来变。

— 我没懂，请解释得再详细些。

— 需要做哪些作业?

— 在103页，第7题。

— 这些题太难了，我不会做，请帮我一下。

Об экзамене 关于考试

1) — Кажется, что экзаменационная сессия на носу. Сколько у нас экзаменов в этом году?
— В этом семестре у вас будут пять экзаменов по обязательным дисциплинам и три зачёта по факультативным.
— В какой форме проходят экзамены?
— Формы проверки разнообразны. Обычно экзамен проводится устно. Преподаватель составляет билеты из вопросов по всем темам, пройденным со студентами. И каждый студент возьмёт один из них и отвечает по билету.
— Понятно. Сдать все экзамены нелегко.

2) — Как ты сдал экзамен? Какая оценка была у тебя по русскому языку?
— Я получил пятёрку.

УРОК 10　ОБРАЗОВАНИЕ

— 考试季快到了。今年我们有多少门考试?

— 本学期你们有5门必修课考试和3门选修课考查。

— 考试形式是怎样的?

— 考查形式各有不同。一般考试采取口语形式,老师会根据教过的内容出考签,每个学生抽签并回答问题。

— 明白了。通过所有考试并不容易。

— 你考得怎样? 俄语考了多少分?

— 我得了5分。

— А Виктор?

— Он хорошо сдал всю сессию.

— Молодец! А как Антон сдал экзамен?

— Он не сдал экзамен, поэтому ему очень грустно.

В библиотеке 在图书馆里

1) — Где можно записаться в библиотеку? И какие документы нужны для записи в библиотеку?

— Кроме студенческого билета, ещё нужен ваш паспорт и фотография размером 3*4cm.

— Хорошо. Вот все нужные документы.

— Ваш читательский билет будет сделан через неделю.

— Спасибо!

УРОК 10　ОБРАЗОВАНИЕ

— 那维克托呢?
— 他所有科目都考得好。
— 太棒了! 那安东考得怎样?
— 他没考及格,所以很难过。

— 在哪儿可以办理图书馆借阅手续? 办理借阅手续需要什么证件?
— 除了学生证,还需要您的护照和一张3cm×4cm的照片。
— 好的,这是所需材料。
— 您的借书证一周之后可以办好。
— 谢谢。

2) — Скажите, пожалуйста. Где можно взять книжный бланки?

— Они лежат на столе справа.

— Будьте добры! Вы не скажете, какие требования к оформлению бланков?

— Напишите шифр, фамилию автора и название, пожалуйста.

— Вот мой бланк. Кстати, сколько книг я могу взять за один раз?

— Количество книг ограничено, не более 10.

— На какой срок выдаются книги?

— Месяц. Верните книги вовремя, если превысите срок, нужно будет заплатить штраф.

УРОК 10 ОБРАЗОВАНИЕ

— 请问，在哪里可以拿索书单？

— 索书单在右边的台子上。

— 劳驾，请问怎么填索书单？

— 请写上索书号、作者姓名和书名。

— 这是我的索书单。顺便问一下，一次可以借多少本书？

— 借书数量有限制，不超过10本。

— 可以借多久？

— 一个月。请及时还书，超期要罚款。

2. Слова и выражения 单词及语句

аудитория 教室

лекционный зал 讲演厅

кафедра 教研室、教研组、讲台

зал заседаний 会议室

听录音请扫二维码

курс 年级

факультет русского языка 俄语系

филологический факультет (филфак) 语文系

факультет журналистики 新闻系

исторический факультет 历史系

медицинский факультет 医学系

декан 系主任

преподаватель （高校）教师

плата за обучение 学费

на первом / втором / третьем / четвертом / пятом этаже 在1/2/3/4/5楼

здание 楼房、大厦、建筑物

Все здесь? 都来了吗？

Никого нет. 一个人都没有。

Извините, я опоздал (-ла) на урок. 对不起，我迟

УРОК 10 ОБРАЗОВАНИЕ

到了。

Нельзя опаздывать на занятия. 上课不能迟到。

Ясно. 明白了/懂了。

Могу ли задать вам вопрос? 可以问您一个问题吗？

отвечать / ответить на вопросы 回答问题

Как произносится эта буква? 这个字母怎么读/发音？

Что значит это слово? 这个单词是什么意思？

Как это понять? 这个如何理解？

Не ясно. Повторите, пожалуйста. 我没明白，请再重复一遍。

делать / сделать домашнее задание 做家庭作业

Эти задачи слишком лёгкие. 这些题太简单了。

Скажите, пожалуйста. Как решить эту задачу?
请问一下，这道题怎么做？

Этот ответ правильный / верный? 这个答案对吗？

Я правильно решил / решила? 我做对了吗？

Экзаменационная сессия на носу. 考期快到了。

готовиться к экзаменам 准备考试

Когда будет контрольная работа / экзамен? 什么时候有测验/考试？

现代俄语实用口语

В следующую пятницу у нас будет экзамен по грамматике. 下周五我们有语法考试。

Экзамен проводится устно / письменно. 考试采取口试/笔试（口头/笔头形式）。

Экзамен очень трудный. 考试很难。

Сколько ты получил / получила? 你得了多少分？

Я получил / получила единицу / двойку / тройку / четвёрку / пятёрку. 我得了1/2/3/4/5 分。

Она получила «отлично» по истории. 他历史得了优秀。

Он не сдал зачёт. 他没通过考查。

Она провалила экзамен. Она провалилась на экзамене. Ее завалили на экзамене. 她考试不及格。

Нужен только студенческий билет. 只需要学生证。

найти систематический каталог 查找分类目录

Книги выдаются на дом? 图书馆的书可以借回家看吗？

читальный зал 阅览室

заказать книги 预约书

Мне хотелось бы записаться в очередь на эту книгу. 我想预约这本书。

УРОК 10　ОБРАЗОВАНИЕ

Когда будут мои книги? 我的书什么时候到?

сдать книги 还书

продлить срок 续借

На сколько дней можно продлить срок? 可以续借多久?

свободное место 空（床）位

место у окна 靠窗（床）位

переселиться в другую комнату 搬到另一个房间

жить один 一个人住

земляк 同乡

3. Упражнения 练习

Переведите следующие предложения и диалоги на русский язык.

请将下列句子和对话译成俄语。

1) 安东很快就做完了家庭作业，因为这些题目都太简单了。

2) 伊万不知道这个单词的意思，所以他答错题了。

3) — 请问，教室在哪里?

　　— 在五楼。

— 请问，俄语系在哪里？

— 在三楼。

4) — 对不起，我迟到了。

— 上课是不能迟到的。

— 我知道了。

5) — 考试季快到了，你准备得怎么样了？

— 什么都没准备。

— 你的语法测验考得怎么样？

— 考得还不错，你呢？

— 我不及格。

6) — 请问图书馆里的书可以借回家看吗？

— 大部分可以，除了杂志和报纸只能在阅览室阅读。

— 您好！我想续借这本书。

— 好的，已经办理好了。

— 可以续借多久呢？

— 2个月，请如期归还。

7) — 您是宿舍管理员吗？

— 是的，我就是。有什么事吗？

— 请问其他房间还有空床位吗？我的邻居太吵了，我想搬到另外一个房间去住。

УРОК 10 ОБРАЗОВАНИЕ

— 那你填一下这张表。

— 好的，谢谢。

4. Справочник 小贴士

俄罗斯现行高等教育实行两种体制。一种为：本科学制为4年，硕士研究生学制为2年，副博士（相当于我国的博士）研究生学制为3年，最高为国家博士。另一种为：本科学制为5年（可获得专家或工程师学位毕业证书），副博士研究生学制为3年（可获得博士研究生学位毕业证书），最高为国家博士。外国留学生如果没有俄语基础都必须经过1年预科语言学习，结业成绩合格后可以直接升入大学本科学习或攻读硕士研究生。

理工类预科主要课程有俄语、数学、物理、化学及信息学等。音乐院校主要课程有俄语、乐理和声乐基础课程、和声、音乐史及钢琴等。美术院校则为俄语、绘画、艺术史等专业课程。医学预科院校主要课程有俄语、数学、物理、化学等。值得一提的是俄罗斯医学院校不承认中国医学本科学历，一般需从大二重新就读本科课程，除非直接攻读医学管理MBA。在俄罗斯，一般专业的研究生称为магистратура, ординатор 可以理解为医学专业的研究生，但在当地是称为住院医生或者实习医生，回到中国才会认证为研究生学历。

俄罗斯高校里的考试实行五分制。5分为优秀，4分为良好，3分为及格，3分以下为不及格。每位入学的同学都会发一本зачётная книжка（记分册/登分簿），每学期每科目老师都会在上面填写分数。一般大学里的测试有口试和笔试，还有年级论文（курсовая работа），毕业时还有毕业论文（дипломная работа），也有毕业论文答辩。毕业证书有蓝皮的，一般顺利通过答辩的毕业生均可获得，特别优秀的学生会颁发红皮证书，证书上会写上"优秀"，只有5%特别优秀的学生才能获得红皮证书。

УРОК 11
МЕДИЦИНСКАЯ ПОМОЩЬ
第十一课　医疗救助

1. Диалоги 对话

1) — Вставай, Яна, уже пора.
   — Сейчас, еще минуточку.
   — Вставай, вставай. В университет опоздаешь!
   — Что-то голова болит.
   — Ничего. Сделаешь зарядку, примешь душ, всё пройдет. Вставай!
   — Нет, не могу встать.
   — Что у тебя болит?
   — Голова кружится и глотать больно.
   — Эх ты, тридцать три несчастья! Дай-ка я посмотрю твое горло.
   — Ну вот еще!
   — Ну, как хочешь. Тогда надо вызвать врача.
   — Нет, я не хочу врача. Лучше сегодня просто полежу в кровати. А там посмотрим.

УРОК 11 МЕДИЦИНСКАЯ ПОМОЩЬ

— 杨娜，快起床，该去学校了。

— 马上，请稍等。

— 起来，起来上学要迟到啦！

— 我的头有点痛。

— 没什么，做个操，洗个澡，就好了，快起来。

— 不行，我起不来。

— 你哪儿疼啊？

— 头晕，吞咽疼痛。

— 唉，你总是倒霉，让我看看你的喉咙。

— 你看，还有这样的事！

— 好啦，你想咋样？叫医生吧？

— 不要，我不想看医生，今天就先躺在床上休息，再看情况。

— А я думаю, что надо все-таки вызвать врача. Пусть тебя посмотрит. А где у нас градусник?
— Градусник? Зачем?
— Как зачем? Чтобы узнать, какая у тебя температура.
— Он лежит в тумбочке. На верхней полке.
— А вот. Нашла.
— Ну, что делать! Придется поставить градусник?
— Ставь, ставь!
— Уже поставила.

(через некоторое время)

— Давай сюда. Да, я так и думала. 38.4°C (тридцать восемь и четыре).
— Правда?!
— Да. Иду вызывать врача. Здоровье надо беречь. Знаешь, как у нас говорят? Здоровье не купишь.
— Ну, хорошо, вызывай.

УРОК 11　МЕДИЦИНСКАЯ ПОМОЩЬ

— 我想，还是要叫医生过来看看，体温计在哪里？

— 体温计？干什么？

— 干什么？想量量你的体温。

— 在小柜子的最上面一层。

— 找到了。

— 做什么？必须量体温吗？

— 放上体温计，放上。

— 放好了。

（过了一会儿）

— 给我体温计，跟我想的一样，38.4摄氏度。

— 真的吗？！

— 是的，我去叫医生。应该爱惜身体，俗话说，千金难买健康。

— 好吧，叫吧！

2) — Алло! Это поликлиника?

— Да, слушаю Вас.

— Мне нужно вызвать врача на дом. Заболела моя подруга.

— Что с ней?

— У нее болит горло и высокая температура.

— Сколько лет вашей подруге?

— Двадцать.

— Адрес. Где вы живете?

— ...Курская улица, дом 11.

— Какой этаж?

— Третий.

— Я все записала, врач будет во второй половине дня.

— Хорошо. Спасибо. Будем ждать.

УРОК 11   МЕДИЦИНСКАЯ ПОМОЩЬ

— 喂，是诊所吗?

— 是的，请讲。

— 我需要医生出诊，我的朋友病了。

— 她情况怎样?

— 她的喉咙痛，发烧。

— 您的朋友多大?

— 20岁。

— 地址。你们住哪里?

— 库尔斯克街，11栋。

— 几楼?

— 三楼。

— 我都记下来了，医生下午过去。

— 好，谢谢，我们等着。

3) — Добрый день! Врача вызывали?

— Да. Проходите, доктор. Раздевайтесь.

— Спасибо. Что случилось? Кто заболел?

— Яна, моя соседка. Кажется, она простудилась.

— Сейчас посмотрим. Где можно помыть руки?

— Ванная здесь. Вот чистое полотенце.

(в комнате)

— Здравствуйте.

— Здравствуйте, доктор.

— Что с вами? Как вы себя чувствуете?

— Голова очень болит и температура.

— Высокая?

— Да, 38.4°C.

— Кашель, насморк есть?

— Нет, только болит горло и трудно глотать.

— Откройте рот пошире, скажите «а-а-а»...

— А-а-а...

УРОК 11 МЕДИЦИНСКАЯ ПОМОЩЬ

— 下午好！有人叫医生了吗？

— 是的。请过来，大夫，请更衣。

— 谢谢，怎么啦？谁病了？

— 杨娜，我的室友，她好像感冒了。

— 马上来看，哪里可以洗手？

— 洗手间在这里，给，干净毛巾。

（在房间里）

— 您好。

— 您好，大夫。

— 您怎么啦？感觉怎样？

— 头很疼，还发烧。

— 发烧？

— 是的，38.4摄氏度。

— 咳嗽吗，鼻塞吗？

— 没有，只是喉咙疼，吞咽困难。

— 把嘴巴张大点，请说：啊，啊，啊……

— 啊，啊，啊……

— Все понятно. Это ангина. Наверное, ели мороженое?
— Да, вчера, на улице. Доктор, что я должна делать? У меня через два дня экзамен, я не могу долго болеть.
— К сожалению, ангина — серьезная болезнь и так быстро не проходит. Я выпишу рецепт. Вот. Будете принимать по две таблетки три раза в день, после еды. Кроме того, нужно полоскать горло как можно чаще и пить теплое молоко с медом.
— Хорошо.
— Я думаю, все будет нормально. Во вторник приходите ко мне в поликлинику на прием. Вот рецепты. Всего доброго. Выздоравливайте.
— Спасибо, доктор. До свидания.

УРОК 11　МЕДИЦИНСКАЯ ПОМОЩЬ

— 明白了，是咽峡炎，大概吃过冰淇淋吧？

— 是的，昨天在外面。大夫，我该怎么办？过两天我们就要考试了，我不能病很久。

— 遗憾的是，咽峡炎是重病，不会很快就好。给你开处方，这就是，饭后服用，每日三次，每次两片。此外，还要经常漱口、喝加蜂蜜的热牛奶。

— 好。

— 我想，一切都会正常的，星期二到我诊所复诊，这是处方，祝您早日康复，再见。

— 谢谢大夫，再见。

2. Слова и выражения 单词及语句

Вызов врача 叫医生

Мне не здоровится. 我感觉不好。

Мне (очень) плохо. 我感觉很不舒服。

Вызовите, пожалуйста, врача / скорую помощь… 请叫一下医生/急救……

Дайте мне телефон / адрес врача. 请给我医生的电话/地址。

Как позвонить в поликлинику / больницу / аптеку? 怎样打电话到诊所/医院/药房？

Как проехать / пройти в поликлинику / больницу / аптеку? 怎样乘车去诊所/医院/药房？

Как пройти в поликлинику / больницу / аптеку? 怎样步行去诊所/医院/药房？

Отвезите меня в больницу. 请把我送到医院。

На приеме у врача 看医生

Могу я показаться терапевту / невропатологу / стоматологу / окулисту / гинекологу / аллергологу / травматологу? 我能看内科医生/神经科医生/口腔医

УРОК 11 МЕДИЦИНСКАЯ ПОМОЩЬ

生/眼科医生/妇科医生/过敏科医生/外科医生吗？

Я простудился / простудилась. 我感冒了。

У меня 我（有）	кашель. 咳嗽。
	температура. 发烧。
	насморк. 鼻炎/伤风。
	нарыв. 脓肿。
	(пищевое) отравление. 食物中毒。
	опухоль. 肿瘤。
	расстройство желудка. 肠胃失调/腹泻。
	солнечный удар. 中暑。
	сердечный приступ. 心脏病发作。
	запор. 便秘。

У меня болит 我的……痛。	сердце. 心脏
	горло. 喉咙
	ухо. 耳朵
	желудок. 胃
	голова. 头
	бок. 肋部

- спина. 背
- живот. 肚子
- поясница. 腰
- грудь. 胸
- нога. 腿
- рука. 手

У меня аллергия на
我对……过敏。
- запахи. 气味
- цветение. 花
- шерсть животных. 动物的毛
- лекарства. 药物
- морепродукты. 海鲜/海产品
- куриные яйца. 鸡蛋
- орехи. 坚果

У меня... аллергия.
我……过敏。
- кожная 皮肤
- пищевая 食物
- лекарственная 药物

Меня тошнит. 我恶心/反胃。

Меня знобит. 我发冷。

Я порезал / порезала палец. 我划伤了手指。

УРОК 11　МЕДИЦИНСКАЯ ПОМОЩЬ

Я ⌈ вывихнул (а) 脱臼 ⌉ ногу / руку. 腿/手。
我 │ сломал (а) 断了 │
　　└ поранил (а) 弄伤 ┘

Я ушиб (-ла) ⌈ колено. 膝盖。
我碰伤了　　│ плечо. 肩。
　　　　　　│ грудь. 胸。
　　　　　　└ спину. 背。

У меня ⌈ вывих. 脱臼。
我　　　│ перелом. 骨折。
　　　　└ растяжение. 扭伤。

Мне что-то попало в глаз / горло / ухо... 什么东西掉入我的眼睛/喉咙/耳朵……

У меня нет аппетита. 我没有胃口。

Я на диете. 我在控制饮食/吃病号饭。

Что со мной, доктор? 医生，我怎么了？

Какой диагноз (вы ставите)? 诊断怎样？

Это заразная болезнь? 这是传染病吗？

Это опасно? 危险吗？

Какую диету я должен (должна) соблюдать? 我应该遵守什么样的饮食规定？

Я должен (должна) соблюдать постельный режим? 我应卧床休息吗?

Какое лекарство вы рекомендуете? 您推荐吃什么药?

Выпишите, пожалуйста, рецепт. 请开处方。

Когда мне снова прийти к вам? 下次什么时候再来找您?

Сколько я должен (должна) заплатить вам? 我应该付您多少钱?

Как долго я пробуду в больнице? 我要在医院住多久?

У зубного врача 看牙医

Посмотрите, пожалуйста, мои зубы. 请看一下我的牙齿。

У меня / 我	болит зуб. 牙齿痛。
	опухла десна. 牙床肿痛。
	кровоточат десны. 牙床出血。
	сломался зуб. 牙齿掉了。
	выпала пломба. 牙的镶补物掉了。
	сломалась коронка. 牙套坏了。

УРОК 11 МЕДИЦИНСКАЯ ПОМОЩЬ

Пожалуйста,请
- поставьте пломбу. 装上牙的镶补物。
- удалите (этот) зуб. 拔牙。
- успокойте боль. 止痛。

В аптеке 在药店

В гостинице есть аптека? 宾馆里有药店吗?

Где ближайшая аптека? 最近的药店在哪里?

Мне нужно лекарство по этому рецепту. 我需要按照这个处方抓/拿/买药。

У вас есть это лекарство в таблетках / ампулах / порошках? 你们有片状/玻璃管状/粉末状药吗?

Дайте мне, пожалуйста, что-нибудь от 请给我可以治疗……的药。
- кашля / насморка. 咳嗽/鼻炎
- головной боли. 头痛
- изжоги. 胃痛
- аллергии. 皮肤过敏

Когда будет готово это лекарство? 药什么时候准备好?

Как принимать это лекарство? 如何服用这种药?

Натощак? 需要空腹吗?

После еды? 饭后？

В каких дозах следует принимать это лекарство? 应该服用多少剂量？

Сколько раз в день принимать это лекарство? 一天服用几次？

Дайте, пожалуйста, дезинфицирующее / успокаивающее / жаропонижающее / слабительное / закрепляющее средство. 请给消毒的/镇静的/退热的/泻肚的/止泻的药。

Можно ли купить это лекарство без рецепта? 没有处方可以买这种药吗？

Вот аннотация на лекарство. 这就是药的说明。

Нет ли у вас аналога? 你们这儿有类似的吗？

Дайте, пожалуйста, 请给
- бинт. 绷带。
- вату. 棉絮。
- грелку. 热水袋。
- йод. 碘酒。
- пластырь. 膏药。
- вазелин. 凡士林。

УРОК 11 МЕДИЦИНСКАЯ ПОМОЩЬ

градусник. 温度计。

глазные капли. 眼药水。

Дайте мне что-нибудь для полоскания горла. 请给我喉咙漱口剂。

Оптика 验光

Я разбил (-а) очки. 我摔坏了眼镜。

Мне нужно заменить стекло (стекла). 我需要换镜片。

Мне нужны дымчатые очки / солнцезащитные очки с диоптриями / со светопоглощением. 我需要带度数的/带防紫外线的烟色眼镜/太阳镜。

У меня плохое зрение. 我的视力不好。

левый глаз –1 左眼–1

правый глаз+1 右眼+1

оба глаза –1 两只眼睛–1

У меня астигматизм / близорукость / дальнозоркость. 我有散光/近视/远视。

Мне нужны бифокальные стекла. 我需要远近视两用眼镜片。

Мне нужен футляр для очков. 我需要眼镜盒。

Мне нужна оправа. 我需要镜框。

现代俄语实用口语

Какие у вас есть оправы? 您有什么样的镜框?

Я хотел бы купить металлическую / роговую / позолоченную оправу. 我想买个金属的/角质的/镀金的镜框。

Какую оправу вы рекомендуете? 您推荐什么样的镜框?

Покажите мне оправу. 请给我看一下镜框。

Дайте мне, пожалуйста, очки фирмы... 请给我……品牌的眼镜。

Лексика 词汇

аллергия 过敏

анализ 化验

ангина 咽峡炎

анемия 贫血

аппендицит 阑尾炎

аппетит 胃口

аптека 药房

астигматизм 散光

беременность 怀孕

близорукость 近视

УРОК 11 МЕДИЦИНСКАЯ ПОМОЩЬ

болезнь 病

боль 疼

боль в боку 肋部疼

боль в груди 胸痛

боль в пояснице 腰痛

боль в спине 背痛

больница 医院

бронхит 支气管炎

воспаление 发炎, 炎症

воспаление легких (пневмония) 肺炎

вывих 脱臼

гастрит 胃炎

головокружение 头晕

грипп 流感

давление (кровяное высокое / низкое) 血压（高/低）

дальнозоркость 远视

диабет (сахарный I тип / II тип) 糖尿病（糖I型/糖II型）

дыхание 呼吸

заноза 刺

запор 便秘

зрение 视力

зуд 痒

изжога 胃痛

кабинет (врача) （医生）办公室

катар 黏膜炎

колики 痛苦

компресс 压布，湿布，敷布

лечение 治疗，治病

лихорадка 热病

нарыв 脓肿

насморк 鼻炎，伤风

обморок 昏倒

ожог 烫伤

операция 手术

опухоль (доброкачественная / злокачественная) 肿瘤（良性的/恶性的）

осложнение 并发症

отравление 中毒

перевязка 绷带

перелом 骨折

питание 饮食

УРОК 11　МЕДИЦИНСКАЯ ПОМОЩЬ

пища 食物

прививка 疫苗

полоскание 漱口药水

поликлиника 诊所

понос 腹泻

потуги 肌肉收缩

профилактика (заболеваний) 预防（得病）

профилакторий 防治所

потеря сознания 失去意识

простуда 伤风，感冒

пульс 脉搏

рана 伤口

растяжение (связок)（韧带）扭伤

рвота 呕吐

сахар крови (высокий / низкий) 血糖（高/低）

слух 听觉

спазм 痉挛

столбняк 破伤风

схватки 阵痛

тошнота 恶心

травма 外伤，碰伤

现代俄语实用口语

туберкулез 结核病
укол 注射
ушиб 伤痕，碰伤
фурункул 疖
язва 溃疡

Некоторые выражения 某些表达

артериальное давление （血压的）收缩压
аллергическая реакция 过敏反应
головная боль 头痛
желудочное заболевание 胃病
зубная боль 牙痛
инфекционное заболевание 传染病
медицинский осмотр 体检
нормальное давление 正常血压
нормальный пульс 正常脉搏
острая боль 剧烈疼痛
острое респираторное заболевание 急性呼吸道疾病
пищевое отравление 食物中毒
повышенное давление 高血压
пониженное давление 低血压

УРОК 11 МЕДИЦИНСКАЯ ПОМОЩЬ

сердечный приступ 心脏病

скорая помощь 急救

теплый компресс 暖压布

учащенный пульс 加快的脉搏

холодный компресс 冷压布

Медицинский персонал 医务人员

врач 医生

гинеколог 妇科医生

кардиолог 心脏病医生

медсестра 护士

невропатолог 神经科医生

окулист 眼科医生

онколог 肿瘤科医生

отоларинголог 耳鼻喉科医生

педиатр 儿科医生

санитар (-ка) 卫生员

стоматолог 口腔科医生

терапевт 内科医生

уролог 泌尿科医生

хирург 外科医生

现代俄语实用口语

главный врач 主治医生

зубной врач 牙医

Части тела и основные органы человека 人体部位和基本器官

бедро 大腿

бок 肋部

бровь 眉毛

веко 眼皮

вена 静脉

волосы 头发

глаз 眼睛

голова 头

горло 喉咙

грудь 胸

губа 嘴唇

десны 牙床

железа 腺

желудок 胃

живот 肚子

запястье 腕

УРОК 11　МЕДИЦИНСКАЯ ПОМОЩЬ

зуб 牙齿

кисть 毛

кишечник 肠

кожа 皮

колено 膝盖

кость 骨

кровь 血

ладонь 手掌

легкое 肺

лицо 脸

лоб 额

лодыжка 踝骨

локоть 肘

лопатка 肩胛骨

мозг 脑

мышца 肌肉

нерв 神经系统

нога 腿

ноготь 指甲，趾甲

нос 鼻子

палец 手指，脚趾

печень 肝脏

плечо 肩膀

подбородок 下巴

позвоночник 脊柱

почки 肾

поясница 腰

ребро 肋骨

рот 口

рука 手

селезенка 脾脏

сердце 心脏

спина 背

стопа 足，脚掌

тело 身体

туловище 躯干

ухо 耳朵

шея 颈，脖子

щека 面颊

ягодица 臀部

язык 舌

УРОК 11 МЕДИЦИНСКАЯ ПОМОЩЬ

Названия медицинских процедур (действий)
医疗程序的表达法

быть под наблюдением врача 在医生观察下

вызывать врача 叫医生

выписывать рецепт (лекарство) 开处方/药

делать аллергические пробы 做过敏测试

делать анализ 化验

делать массаж 按摩

делать рентген 照X光

делать укол 打针

измерять давление 量血压

измерять сахар крови 测血糖

измерять температуру 量体温

лечить 治疗

останавливать кровотечение 止血

перевязывать 包扎

перенести болезнь 疾病转移

перенести операцию 手术改期

пломбировать зуб 补牙

полоскать горло 漱喉咙

принимать лекарство 服药

现代俄语实用口语

прогревать 高烧

промывать желудок 洗胃

соблюдать диету 遵守饮食疗法

соблюдать постельный режим 遵守卧床疗法

удалить зуб 拔牙

успокаивать боль 镇痛

3. Упражнение 练习

Найдите в тексте ответные реплики, выполните диалоги.

从课文（第2部分）中找出答话，完成对话。

1) — Что у тебя болит?

—

— Зачем градусник?

—

— А где у нас градусник?

—

2) — Алло! Это поликлиника?

—

— Что с ней?

УРОК 11 МЕДИЦИНСКАЯ ПОМОЩЬ

—

— Сколько лет подруге?

—

— Какой этаж?

—

3) — Добрый день! Врача вызывали?

—

— Что случилось? Кто заболел?

—

— Где можно помыть руки?

—

— Что с вами? Как вы себя чувствуете?

—

— Насморк, кашель есть?

—

— Наверное, ели мороженое?

—

4. Справочник 小贴士

俄罗斯就医条件很好，医生的水平也很高，尤其是服务态度很好。俄罗斯医疗资源丰富，有医院、诊所等。医院分公立医院和私立门诊。一般给俄罗斯本国居民看病的公立医院不收费，住院、门诊手术均免费，但药需要自己到药房购买。对于外国人来说，若是留学生，俄罗斯政府强制他们购买医疗保险，但是医疗保险有保险额度，据你所患病及保额而定。一般的小病和手术都包含在内，但怀孕、看牙医等就要自费。

УРОК 12
ЧРЕЗВЫЧАЙНЫЕ ПРОИСШЕСТВИЯ
第十二课　紧急情况

现代俄语实用口语

1. Диалоги 对话

听录音请扫二维码

1) — Алло, алло, это пожарная, в нашем доме произошёл пожар, приезжайте скорее, мой адрес: улица Ленина, дом 48, квартира 12, мой номер телефона: 89135851268.
— Не беспокойтесь, к вам выезжает бригада пожарных. Просим вас покинуть место пожара, пострадавшие есть?
— Пострадавших нет.
— Хорошо, с минуты на минуту приедет пожарная бригада, не волнуйтесь, покиньте опасную территорию.

2) — Здравствуйте, это полиция?
— Здравствуйте, это полиция. Что случилось?
— У нас произошла авария.

УРОК 12　ЧРЕЗВЫЧАЙНЫЕ ПРОИСШЕСТВИЯ

— 喂，喂，消防队吗？我们楼着火了，请快来，我的地址是：列宁街，48栋，12号房间，我的电话是：89135851268。

— 请别着急，消防队很快就到您那里了，请您离开着火的地方，有伤者吗？

— 没有伤者。

— 好，消防救助很快就到，别着急，请离开危险的地方。

— 您好，警察局吗？
— 您好，这里是警察局。发生什么事了？
— 我们这儿出事了。

— Где вы находитесь?

— Мы стоим на улице Пушкина.

— Есть пострадавшие?

— Нет, с нами все в порядке.

— Хорошо, полиция приедет через пятнадцать минут.

УРОК 12　ЧРЕЗВЫЧАЙНЫЕ ПРОИСШЕСТВИЯ

— 你们在哪儿?
— 我们在普希金大街。
— 有伤者吗?
— 没有,我们都还好。
— 好的,警察十五分钟后到。

2. Слова и выражения 单词及语句

101 — пожарная (МЧС) 101 — 火警

102 — полиция 102 — 报警

103 — скорая помощь 103 — 急救

112 — единый телефон службы спасения 112 — 统一紧急救援电话

听录音请扫二维码

Произошел взрыв. 发生了爆炸。

Здесь что-то только что взорвалось. 这边刚才发生了爆炸。

Не зажигайте спичек и не курите. 别点燃火柴，别吸烟。

Пожалуйста, скорее, это срочно! 请快点儿，这是紧急情况！

Вызовите пожарную / полицию / скорую помощь! 拨打火警/报警/急救！

Пожарная? У нас пожар! 火警？这边火灾！

Мой адрес... 我的地址……

Моё имя... 我的名字……

Мой номер телефона... 我的电话号码……

Произошла авария. 发生了事故。

УРОК 12 ЧРЕЗВЫЧАЙНЫЕ ПРОИСШЕСТВИЯ

Это ДТП (дорожно-транспортное происшествие). 这是交通事故。

Он покинул место аварии / место преступления. 他离开了事故现场/犯罪现场。

Похоже, со мной все в порядке. 我好像没问题。

Они сбежали. 他们跑了。

Мне нужно позвонить. 我要打电话。

Похоже, я сломал руку / ногу. 我胳膊/腿好像骨折了。

Я получил травму. 我受伤了。

Могу ли я воспользоваться вашим телефоном? 我可以用一下您的手机吗?

Мне нужно позвонить в полицию. 我要打电话报警。

Тут произошла авария. 这边发生了事故。

Отведите меня к врачу. 请带我看医生。

Помогите мне встать. 帮我站起来。

Где здесь ближайший полицейский отдел? 附近的派出所在哪里?

Моя дата рождения... 我出生年月日是……

С вами все в порядке? 您没事吧?

У меня украли машину. 我的车被偷了。

Мне угрожали пистолетом / ножом. 我被持枪/持刀的人威胁。

Меня ограбили. 我被打劫。

Меня избили. 我被打。

Я здесь. 我在这儿。

Он там. 他在那儿。

Он побежал туда. 他往那儿跑了。

Мне больно. 我很疼。

Я очень боюсь. 我很害怕。

Я иностранец / иностранка / турист. 我是外国人（男）/外国人（女）/游客。

Я хочу встретится с китайским консулом. 我要见中国领事。

Как мне позвонить в китайское посольство? 如何给中国大使馆打电话？

Это несчастный случай. 这是一个不幸事件（事故）。

Мой друг пропал. 我的朋友失踪了。

Я не понимаю. Мне нужен переводчик. 我听不懂，我需要翻译。

Что мне делать? 我该怎么办？

УРОК 12 ЧРЕЗВЫЧАЙНЫЕ ПРОИСШЕСТВИЯ

Не бойтесь. 不要害怕。

Успокойтесь. 冷静点。

Сделайте мне перевязку. 请给我包扎。

Мне нужно наложить фиксирующую повязку. 我需要缠绷带。

Я заблудился. 我迷路了。

Я остановился в гостинице... 我住在……酒店。

Я потерял сумку / ключи / кошелек / телефон / паспорт.
我丢了包/钥匙/钱包/手机/护照。

Я, кажется, вчера оставил здесь свою сумку.
我好像昨天把包忘在这里了。

Куда я должен сообщить об этом? 我要向谁举报?

3. Упражнения 练习

Выберите правильный ответ.

请选择正确答案。

1) Когда был пожар, по какому номеру нам нужно позвонить?

   A. 101   B. 102   C. 103   D. 112

2) Если нам нужна скорая помощь, по какому номеру нам нужно набрать?

   A. 101   B. 102   C. 103   D. 112

3) У Антона машину украли, по какому номеру ему нужно позвонить?

   A. 101   B. 102   C. 103   D. 112

4) Мой друг пропал, куда нам надо позвонить?

   A. 101   B. 102   C. 103   D. 112

4. Справочник 小贴士

在俄罗斯请大家注意，遇到紧急情况，请拨打准确的求救号码。

火警：101　　　　报警：102

急救：103　　　　全国统一紧急救援：112

快乐学习俄语！更多了解，请登录雅依德官网：www.yayid.cn

欢迎关注雅依德微信公众号，为您推送各类俄语知识学习、俄罗斯文化趣闻。

　　欢迎在苹果应用商店搜索"小雅背单词"。这是一款专为背俄语单词而生的软件，轻松体验各类俄语词库，循环记忆体系帮助深刻记忆。
　　下载、安装和使用小雅背单词 APP 中出现问题，请积极与雅依德俄语俱乐部联系。